新修敦煌本《壇經》禪心

「智理文化」系列宗旨

「智理」明言

中華智慧對現代的人類精神生活，漸漸已失去影響力。現代人，大多是信仰科學而成為無視中華智慧者，所以才沒有辦法正視中華智慧的本質，這也正正是現代人空虛、不安，以及心智貧乏的根源。

有見及此，我們希望透過建立「智理文化」系列，從而在「讓中華智慧恢復、積極改造人性」這使命的最基礎部分作出貢獻：「智理文化」系列必會以正智、真理的立場，深入中華智慧的各個領域，為現代人提供不可不讀的好書、中華智慧典範的著作。這樣才有辦法推動人類的進步。我們所出版的書籍，必定都是嚴謹、粹實、繼承中華智慧的作品；絕不是一時嘩眾取寵的流行性作品。

何以名為「智理文化」？

佛家説：「無漏之正『智』，能契合於所緣之真『理』，謂之證。」這正正道出中華智慧是一種「提升人類之心智以契合於真理」的實證活動。唯有實證了「以心智契合於真理」，方能顯示人的生活實能超越一己的封限而具有無限擴展延伸的意義。這種能指向無限的特質，便是中華智慧真正的價值所在。

至於「文化」二字，乃是「人文化成」一語的縮寫。《周易•賁卦•象傳》說：「剛柔交錯，天文也；文明以止，人文也。觀乎天文，以察時變，觀乎人『文』，以『化』成天下。」可見人之為人，其要旨皆在「文」、「化」二字。

《易傳》說：「文不當故，吉凶生焉！」天下國家，以文成其治。所以，「智理文化」絕對不出版與「智」、「理」、「文」、「化」無關痛癢的書籍，更不出版有害於人類，悖乎「心智契合於真理」本旨的書籍。

由於我們出版經驗之不足，唯有希望在實踐中，能夠不斷地累積行動智慧。更加希望社會各界的朋友，能夠給我們支持，多提寶貴意見。最重要的是，我們衷心期待與各界朋友能夠有不同形式的合作與互動。

「智理文化」編委會

一事一法一經一尊

張惠能博士 專訪

撰自《溫暖人間 第458期》

張惠能博士，香港大學畢業和任教，修讀電腦科學及專門研究人工智能。少年時熱愛鑽研中西文化、佛法及易理。廿多年來潛心禪觀、念佛及修密，並自2007年開始講經說法。宿緣所追，今復皈依「中國佛教真言宗光明流」徹鴻法師，體得了秘密印心之法，獲授密教大阿闍梨之秘密灌頂，感受到傳承血脈的加持，遂發心廣弘佛法，以救度眾生。

真言密教為唐代佛教主要宗派之一，是正純的密宗，非得文為貴，旨在以心傳心，故特別重視傳承。本自唐武宗之滅佛絕傳於中國，已流佈日本達千餘年，並由當代中國高僧悟光法師於一九七一年東渡日本求法，得授「傳法大阿闍梨灌頂」，得其傳承血脈，大法始而回歸中國。張惠能說，真正具備傳承大阿闍梨資格的，每個朝代應說不會多於十數人，所以每位傳法人都很重要，「因為一停下來，此久已垂絕之珍秘密法之傳承血脈就會斷，這樣令我有更大的弘法利生之使命感。」

多年前，《溫暖人間》的同事已有幸聽過張惠能博士講經，滔滔法語，辯才無礙，其後博士贈送了他當其時新著的《圓覺禪心》給我們，雜誌社從此又多了一套具份量的經書。今年，因緣成熟，《溫暖人間》終於邀請到張博士為我們主持講座，題目是「佛說成佛」：成佛？會不會太遙遠？

成佛觀：找到心中的寧靜

「這就是很多人的誤解，人人也覺得自己沒可能成佛，沒可能修學好一本佛經。其實每個人也能即身成佛，只要有方法、有工具、有目標。」畢竟佛陀未成佛之前也是普通人。「什麼是佛法？佛法讓人心裏平安，心無畏懼，不會生起妄想，恐懼未來。成佛觀念的力量是很不可思議的。當你不斷想着一件事，業力就會越來越強；所以加強成佛的念頭，想像自己就是佛菩薩的化身、是觀音的化身，想像大家一起做觀音、現前就是『普門諸身』，透過念念想像，人生從此截然不同。」這幾年香港社會人心動盪，情緒難以釋放，成佛觀其實就是根本的善念，如果大家把心安住在這根本善念上，就能找到永恆的寧靜安定。

張惠能博士說，他在講座裏會介紹禪、淨、密的成佛觀，「成佛觀可以修正我們的心，只要你進入這個思想模式，你就可以感受佛陀的慈悲力量，譬如能以阿彌陀佛的四十八大願思維去經驗無量光、無量壽。因為當佛的思想有如阿彌陀佛，佛就進入極樂世界。我們稱之謂淨土宗的成佛觀，就是想你進入阿彌陀佛的無量光、無量壽世界，體驗這種不可說的力量。」

張博士講經已十年多,《六祖壇經》、《金剛經》、《楞伽經》、《阿彌陀經》、《妙法蓮花經》、《大日經》已說得透徹熟練,回想當初,他是怎樣開始弘法之路?

一事一法一經一尊

「我的人生分為四個階段,用八個字歸納:『一事、一法、一經、一尊』。佛法說生命是永遠無限生的,每個人一生都有必然要完成的目標,稱為『唯一大事』或簡稱『一事』。特別對尋道人來說,目標都很清晰,所以認識到『一事』是第一個階段。」張惠能說,童年時候他對真理已經十分嚮往,整天拿着聖經鑽研,常夢想做神父,其他小朋友打架,他會上前講道理勸和。中學特別熱愛Pure Maths和 Physics,因為是當時所有學科中「真理性」最高最玄妙的,及後考上香港大學,畢業後博士研究的項目是「人工智能」,因為可以天天研究人類思考、智慧和心靈的問題,也涉獵很多中西方哲學,包括佛法。

「當時我取得了人工智能PhD,很輕易便開始在港大任教,但對於人生目標,亦即這『一事』的追尋,卻很迷茫。雖然我讀過了很多很多有關東西方哲學、存在主義、易經,甚至各種禪門公案的書,但心靈都是得不到平安。」**當張惠能對尋找人生真理充滿絕望,極度迷失的時候,另一扇門就開了。「有天逛書店,突然看見一本叫《歎異鈔》的書,副題是『絕望的呼喚』,這幾個字正中下懷,完全反映自己當時的心境,這本書是我人生轉捩點的契機,讓我進入了人生的第二個階段:真正修行**

『一法』。」《歎異鈔》為「淨土真宗」重要經典，是日僧唯圓撰錄了親鸞聖人關於「信心念佛」的語錄，張惠能視之為「念佛最高指南」。

「這書開啟了我的信心念佛人生，一念就十多年，直至信心決定、平生業成。我因為信心念佛而得到絕對安心。所以如果沒有『一法』的真正體驗，你永遠不知其好處。其實佛法修行就好像我們去餐廳吃飯，餐廳有中西泰日韓等不同種類，也有不同級數，有快餐，也有五星級酒店中最高級的餐廳，不同人有不同喜好，這就像佛法中有八萬四千法門，不同宗派有不同的方法，好比不同的餐廳有不同的料理一樣，但大家都是同一目的：成佛。所以我們不論修任何法，都應該互相尊重，毋須比較，鹹魚青菜，各有所愛。同一道理，不論是什麼宗教流派，大家也都是在尋找真理道上的同路中人，要互相尊重而非批評比較，建立這正確態度是十分重要。」

單說不飽 實修證入

念佛法門是張惠能的「一法」。「修行是很簡單的事，好像心靈肚餓，修完之後就感到滿足舒服，輕安自在。**當你吃飽了，煩惱沒有了，你就感受到幸福，這信心念佛境界已經是往生淨土，一息一佛號已到達光明的極樂世界。對我來說，信心念佛會把悲傷和眼淚吸收，帶給我一份終極安心，煩惱都脫落。如果你念佛是越念越煩惱越恐懼未能往生淨土的話，就不是真正的信心念佛。禪宗叫修行為『大安心法門』，安心才可相應佛陀所說的。」**

為什麼「一法」那麼重要？張惠能坦言，所有佛經都說方法，「看破放下自在大家也會說，可是說易做難，不要說人生大事，就算平常如有人用行李輾過你的腳，你已經不能放下怒火；的士司機找少了十元給你，你可能半天心不爽快了；你最親蜜的人說你是垃圾，你立即崩潰。要看破、放下真是很難，所以『一法』好重要。」

「一法」之後，人生第三個階段就是「一經」，敦煌原本《六祖壇經》是張惠能讀通了的第一本經。張惠能說單是這部經，他就看了十年，「我不斷去讀，一百次、一千次、一萬次，讀至每個文字都充滿喜悅，讀得多了，經文慢慢開花變成你的心法，從《壇經》我認識到自性的道理，幸福安心。很奇怪，之前我一直不大明白的《心經》，可是讀了《壇經》十年後，再拿《心經》來看，竟然通透領悟到什麼是『般若波羅密多』，那份喜悅不可思議。」

張惠能從「一法」中找到安心，從「一經」中認識到自性的道理，跟着有幸皈依了普陀山本德老和尚，有次他問師父：「念佛所為何事？」師父答他：「念佛無所求，念佛為眾生！」他叮一聲就印了心。「老和尚當時鼓勵我出來講經弘法，不久後我亦決定把自己的生命與弘法給合，於是2007新年後開始出道講經，第一本就是講《壇經》。」過了一年香港大學專業進修學院院長李焯芬教授邀請他在學院講經，自此，他編寫的「禪宗三經」、「『生死自在』淨土二經」、和「禪、淨、密三經」證書課程便出現在這座高等學府了。

張惠能的弟弟修真言宗十分精進。在宿緣所追下，張惠能復皈依了中國佛教真言宗光明流徹鴻法師，更通過考證，通教了「即身成佛」義，體得了正純密教秘密印心之法，獲授密教大阿闍梨之秘密灌頂，感受到傳承血脈的加持，遂發心廣弘佛法，以救度眾生，開始了人生第四個階段：「一尊」。「真言宗最重視傳承，當你被選為傳法者，你已不再代表個人，而是代表一個法脈的傳承，我的人生就到了『一尊』階段，『一尊』就是『傳承血脈的加持』，你傳承了一千三百年三國傳燈歷代祖師的心願和力量，代表正純密教一千三百年傳承血脈的興衰，所以你的命已交給了『一尊』，會有很強使命感。」

對佛教初哥的建議

佛法是說當遇上苦與樂時，內心都同樣洋溢大安心、大無畏力量。

一開始找一個值得尊敬的老師，去學習真修實證一個具備法脈傳承的法、去好好從頭到尾讀通一部經，自己從中去體驗什麼是心靈上的飽足？如果只是不斷去跑不同的道場，聽這個又聽那個，老是shopping around不肯去定下來，最終根本不可能會有什麼得着的。所以，建議大家先修一經一法，有了堅定立場後，才好出去切磋參學。

導讀

「中國禪」一事

惠能：中國禪之革命家

「禪」是梵語「禪那」之簡稱，古代譯為「靜慮」，即靜止散亂心；或云「念慮」，即心住一境。「禪」是印度所有宗教的共通特質。單以佛教來説，不論大、小乘教，都以此為重心。

菩提達摩入中國，是為中國禪宗初祖。經慧可、僧璨等至六祖惠能。惠能把原來繁鎖而複雜的印度禪，「一變」而成為簡約的「中國禪」，是中國佛教史上是至關重要的大事。這「中國禪」變革，是一場偉大的宗教革命，其革命家就是惠能（638–713年），而這一場革命的實行家及弘揚者，則是神會（668–762年）。

惠能開創之中國禪，以「摩訶般若波羅蜜法」及「無相戒」為核心主題，是專為把握「一心實相」，以直接「活現當體」自解脱（自性真佛解脱）為目的，又稱「直指人心，見性成佛」。

惠能之「禪」，是不懼起心動念，而以善念（從法身思量即是化身，又名一念堅持）及正念（念念善即是報身，又名正念昂揚），以「第一義（自性真佛解脫，又名煩惱自解脫）」為立場，集中於「觀察」事物對境之本性清淨，專修一念堅持而達到煩惱自解脫為「禪的思想本質」。

為使修惠能禪「一念堅持」為基調之禪者，明白頓修見性成佛禪之妙諦，吾引用唐朝開元三士之一的善無畏三藏（637–736年）之《無畏禪要》來說破箇中玄機。《無畏禪要》云：「初學之人多恐起心動念，專以無念為究竟而絕追求。凡念有善念（從法身思量）與不善念二者，不善之妄念要止，善法之念決不可滅。要真正修行者增修正念，非至究竟清淨不可。如人學射久習純熟，念念努力，常於行住俱定，起心不壓不畏，思慮進學有虧。」依此可知，《無畏禪要》正好跟中國惠能禪之心要完全一致，乃在於其正念集中於境的「有相禪」特色。

中國禪宗，曾出現「南能北秀」。其中北宗禪之神秀以《楞伽經》中之「漸淨非頓，如菴羅果漸熟非頓」為基，基此「漸漸修學必到成佛」為主眼。反之，南宗禪之祖師則以《楞伽經》中：「明鏡頓現、日月頓照、藏識頓知、法佛頓輝。」的「四頓列」，又或依《金剛經》不經修行過程力說直觀地、瞬間地、到達證悟「如是應住，如是降伏其心」境界。

《無畏禪要》裏有描寫禪經驗之徹底真相:「於修禪觀,觸著某契機,瞬間恰如雷光,現出身心脫落之悟境。而此是暫時即滅,故云『剎那心』。體驗此之後,念念加功,如水流相續曰『流注心』。更積此功不息,靈然明徹,覺身心輕泰,至酖昧其境,此曰『甜美心』。依此離去起伏隱顯心之動亂,曰『攉散心』。離此散亂心,無染無著,達到鑒達圓明之境地,曰『明鏡心』。」

惠能禪之「頓悟」自性本來清淨,不出此《無畏禪要》開示禪經驗之五種過程的第一階段之「剎那心」而已。惠能禪之「頓修(念念善即是報身)」,誠如其後代傳人黃檗大師云「大悟十八遍,小悟不知其數」及其所謂「見惑頓斷如割石」的境地,亦不出《無畏禪要》中「剎那心」之頓悟和「流注心、甜美心、攉散心、明鏡心」之頓修範圍。由此可知惠能禪之「頓悟」言瞬間性「從法身思量即是化身(一念堅持)」,以及「頓修」之念念加功「念念善即是報身(正念昂揚)」之必要。

惠能禪之「無相戒」,更是「即事而真、當相即道」之見地,都以其事物當體直觀為「一真法界」真我之姿態,此處才能契入「自性真佛解脫」立場安住心神,亦唯有能「識此心,見此心,得此心,捉此心」,才是禪宗「安心」要領。

神會：中國禪之弘揚者

把原來繁鎖而複雜的印度禪一變而成為簡約的「中國禪」，是中國佛教史上一場偉大的宗教革命，其革命家就是惠能，而這一場革命的弘揚者則是神會。

惠能的傳法弟子神會在惠能圓寂後，一直宣揚惠能才是達摩以來的禪宗正統，且揚言北宗的神秀和其傳法弟子普寂國師都是偏離了達摩的真意。在公元732年 (開元二十年)，神會在河南滑台的大雲寺舉辦了一場無遮大會，目的是要宣揚南宗禪的頓悟教義，他用《菩提達摩南宗定是非論》和《神會語錄》等文章來證明自己的主張。在無遮大會上，北宗禪的支持者向神會提出了一些難題，試圖挑戰南宗禪的合理性，神會的言論引起了北宗禪徒的不滿和仇恨，並政治恐嚇神會說他如此非難普寂就不怕生命危險嗎？神會則據理力爭，堅持自己的立場，並說：「為了辨別是非、決定宗旨、弘揚大乘、建立正法，那能顧惜生命？」後來，神會被御史盧奕誣告為叛逆之徒，被唐玄宗貶謫到江西弋陽郡，後來又被轉移到湖北武當郡、襄州和荊州等地。

天寶十四年(755)，安祿山叛亂爆發，唐玄宗逃往成都，副元帥郭子儀率軍討伐叛軍，但缺乏軍餉，於是下令全國各地設立戒壇度僧，以度牒所得之金錢作為軍費。神會被請到洛陽主持度僧工作，並將所有收入捐獻給抗敵之用，所以在肅宗即位後，封神會為國師，並賜給他荷澤寺作為住處。而獲得政治地位後，

神會所弘揚的南宗禪宗旨，才得到後來了廣泛的傳播和發展，成為了中國禪宗的主流。

上元元年(762)，神會圓寂於荷澤寺，享年九十五歲。神會是真正的南宗禪奠基者和開創者，更有歷史學家考據支持他才是唐朝《六祖壇經》的真正集結及推廣者，故神會堪稱中國禪宗繼惠能後最重要的人物。

《壇經》的最後一段話

神會堪稱是惠能這一場宗教革命的偉大實行家，他用一生示範了惠能的道。惠能的道，就是一種「唯求作佛」傳承法脈的「即佛行是佛」之大道，這可以從《壇經》的「誓願修行，遭難不退，遇苦能忍，福德深厚」最後這一段話得到印證。

《壇經》更是用「誓願修行，遭難不退，遇苦能忍，福德深厚」，要求修持惠能禪的傳人都必須要有「誓願修行，遭難不退，遇苦能忍，福德深厚」之宗教性心靈特質。所以《壇經》才會告戒未來法脈傳承人不得隨意傳授《壇經》，對傳法人要有以上四句來作出嚴格的資格和條件之篩選。

《壇經》的教法是一種頓教，要求傳人一念堅持「自性真佛解脫」並要能夠修行使之念念相續，這種修法需要行者有「唯求作佛」誓願心，才能夠在日常修養禪的思想與生活，為了自證自悟佛道而不惜一切地行佛行，縱使面對一切的困難和障礙而不動搖，能夠安忍一切的苦難和痛苦，故《壇經》説「遭難不退，遇苦能忍」；更是要有純淨的佛行和功德，要能夠積累自己和他人的福報和智慧，故又説「福德深厚」。最後，吾加持各位有緣「得遇《壇經》者」，要有「誓願修行，遭難不退，遇苦能忍，福德深厚」之使命感和本懷，才能夠圓滿修證《壇經》的頓教法，並且能夠利益自己和他人。

法緣難遇，願大家都能「無負如來、不負惠能」！

覺惠

癸卯年除夕夜
書於香港大學

《南宗頓教最上大乘摩訶般若波羅蜜經

六祖惠能大師於韶州大梵寺施法壇經》

兼授無相戒弘法弟子　法海集記

《南宗頓教最上大乘摩訶般若波羅蜜經
六祖惠能大師於韶州大梵寺施法壇經》

兼授無相戒弘法弟子　法海集記

敦煌本《壇經》，就是六祖惠能「説摩訶般若波羅蜜法，授無相戒」的一本經，也就是惠能證道的秘密大全。

惠能大師於大梵寺講堂中,昇高座,說摩訶般若波羅蜜法,授無相戒。

其時座下僧尼道俗一萬餘人,韶州刺史韋璩及諸官僚三十餘人,儒士三十餘人,同請大師說摩訶般若波羅蜜法。刺史遂令門人僧法海集記,流行後代,與學道者承此宗旨,遞相傳授,有所依約,以為稟承,說此《壇經》。

問題一:什麼是「般若」?它與佛和惠能又有什麼關係?

禪心解講:「般若」是梵語Prajna的音譯,意為終極智慧,是最高的智慧,是「如實認知一切事物本源的真實性(又稱佛性、自性、自性真佛)」的智慧。一切事物皆「以自性為因,並依緣起(條件)才有」,佛就是能修證和傳授此道。惠能開創的禪宗是佛教的一個宗,主要以般若來「實現佛果(波羅蜜)」,強調此法是一切佛法的根本,也是修行成佛的基礎。

問題二：《壇經》是什麼？它主要講述了什麼內容？

禪心解講：《壇經》說：「一本《壇經》，不失本宗。」故知《壇經》就惠能開創的禪宗的根本典籍，它記載了惠能在韶州大梵寺所說的「摩訶般若波羅蜜法」，以及傳授「無相戒」的修行事和教理。《壇經》主要講述了惠能的禪宗之要旨，其綱要包括「佛性常清淨、明鏡本清淨、定慧一體、一行三昧、法無頓漸、無念無相無住、外禪內定、見自三身佛、四弘大願、無相懺悔、無相三歸依、般若波羅蜜行、般若三昧、無相滅罪、內外明徹不異西方、在家修行、自性戒定慧、見自性真佛解脫」等。《壇經》還記錄了惠能對別宗的批判，以及指導禪宗未來傳人在傳佛法時面對各種問道的回答，可謂包羅萬象。故《壇經》又說：「得遇《壇經》者，如見吾(惠能)親授。」

問題三：如何通過《壇經》來修行般若？有什麼具體的方法或步驟嗎？

禪心解講：通過《壇經》來修行般若，首先要徹底明白惠能所說的摩訶般若波羅蜜法，就是「肯定」自心本具至高的智慧(般若三昧)以「自證」一切事物清淨本源的真實性。這般若智慧不是從外面得來的，也不是靠文字或思想來理解的，而是要靠自己的三昧(肯定力)來體驗和實現的，故此法又名「般若三昧」。具體的方法或步驟，可以依循「敦煌本《壇經》」次序，步步深入惠能之教理，行惠能所行，自能真信惠能之禪法，證惠能之所證。

能大師言：「善知識，淨心念摩訶般若波羅蜜法。」

大師不語，自淨心神，良久乃言：「善知識，靜聽：惠能慈父，本官范陽，左降遷流嶺南，作新州百姓。惠能幼小，父又早亡，老母孤遺，移來南海，艱辛貧乏，於市賣柴。忽有一客買柴，遂領惠能至於官店。客將柴去，惠能得錢，卻向門前，忽見一客讀《金剛經》。惠能一聞，心明便悟，乃問客曰：『從何處來持此經典？』客答曰：『我於蘄州黃梅縣東馮墓山禮拜五祖弘忍和尚，現今在彼門人有千餘眾。我於彼聽見大師勸道俗，但持《金剛經》一卷，即得見性，直了成佛。』惠能聞說，宿業有緣，便即辭親，往黃梅馮墓山禮拜五祖弘忍和尚。」

問題一：什麼是「淨心」？如何才能「淨心念摩訶般若波羅蜜法」？

禪心解講：能大師言：「善知識，淨心念摩訶般若波羅蜜法。」這是惠能禪法之心印。「淨心」是指人人自己本有的「真心」，是自己本有的清淨無染心，是不受外境影響故不生貪嗔癡等煩惱的心，是不再執著於自我和萬法對立的心。「摩訶般若波羅蜜」是證無上的智慧之法；「念摩訶般若波羅蜜法」就是「一念堅持」自己本有真心以「觀察一切事物本源的真實性」，最終自證「真心」。

問題二：我們該如何從惠能這一段自述身世以學習惠能的悟道之法？

禪心解講：以上一段描述了惠能決定拜見五祖弘忍的故事。弘忍提倡的「即得見性，直了成佛」，「成佛」的關鍵是要「見性」，「見性」就是要直接體驗自己本有的清淨無染的真心「自性真佛」。不論是出家人或在家人，不論在任何時空環境中，都可以見性，直接證得「自性真佛」，惠能在自述身世中說「惠能一聞，心明便悟」就是一個最好的證明。

弘忍和尚問惠能曰:「汝何方人來此山禮拜吾?汝今向吾邊復求何物?」

惠能答曰:「弟子是嶺南人,新州百姓,今故遠來禮拜和尚,不求餘物,唯求作佛。」大師遂責惠能曰:「汝是嶺南人,又是獦獠,若為堪作佛!」

惠能答曰:「人即有南北,佛性即無南北。獦獠身與和尚不同,佛性有何差別?」

大師欲更共語,見左右在傍邊,大師更不言,遂發遣惠能令隨眾作務。時有一行者,遂差惠能於碓坊踏碓八個餘月。

問題一：惠能說「不求餘物，唯求作佛」，這說明了什麼？

禪心解講：這說明兩件事。第一，惠能的禪，「成佛」是不分種族、地域、身份、性別等條件的，惠能自己就是一個例子，他雖然是嶺南人，又被五祖弘忍侮辱為獦獠（指未受教化的下等人），但他卻有堅定不移的願心，只求作佛。第二，成佛的關鍵是要「無相」，「無相」就是要不執著於任何外相或內相，不分別好壞美醜高下等差別，而惠能大師在回答五祖弘忍的問題時，就表現了「無相」的境界，他說「人即有南北，佛性即無南北。獦獠身與和尚不同，佛性有何差別？」這句話就是指出了人和佛、獦獠與和尚等一切世間對立相，都是無自性的相稱，而證道則是超越一切相的真實。

問題二：為什麼五祖弘忍要責問惠能是否堪作佛？他的目的是什麼？

禪心解講：五祖弘忍要責問惠能是否堪作佛，是因為他要考驗惠能。他的目的是要看惠能是否真正見到自己的自性真佛而能超越一切外相和分別。當他聽到惠能的回答後，他就知道惠能已經悟道。

04

五祖忽於一日喚門人盡來。

門人集訖,五祖曰:「吾向汝説,世人生死事大,汝等門人,終日供養,只求福田,不求出離生死苦海。汝等自性迷,福田何可救汝?汝總且歸房自看,有智慧者,自取本性般若之智,各作一偈呈吾。吾看汝偈,若悟大意者,付汝衣法,稟為六代。火急急!」

問題一:為什麼五祖要求門人各作一偈呈現自己對「般若波羅蜜」的見解?他不能直接指示他們見性嗎?

禪心解講:在這一段經文中,五祖要求門人各作一偈,以表達自己對「般若波羅蜜」的見解,也就是超越生死的智慧。五祖表面上是為了考驗他們是否能自己發現自性真佛這般若之智,是否真正見性。「偈」是古代佛教一種表達自己心得的方式,也是禪宗師父測試弟子是否真正見性的方法,禪宗法脈傳人是不論門人的資歷、地位、功德等,只需看他們是否能直接見自性真佛的。若我們深入重新思考整件事件,五祖是不能不知道自家各個成熟弟子修證底蘊的,他要求門人各作一偈這舉動,自然是另有一個深層動機,五祖其實是創造機會讓大家都能夠看到惠能「已悟大意」,五祖就可名符其實地付囑其法脈之傳承任務給惠能,好教惠能待時機成熟就可以用「第六代祖」身份來傳禪宗。惠能之「見性成佛」是一種「頓悟」的心地法門,只要「一念堅持」自性真佛,並於生活中「念念相續」任運住持此一念堅持,即身便能達到佛果,就是可以此身成佛,這就是惠能所傳的禪,又名「般若波羅蜜法」。

05

門人得處分，卻來各至自房，遞相謂言：「我等不須澄心用意作偈，將呈和尚。神秀上座是教授師，秀上座得法後，自可依止，偈不用作。」諸人息心，盡不敢呈偈。

時大師堂前有三間房廊，於此廊下供養，欲畫楞伽變相，並畫五祖大師傳授衣法，流行後代為記。畫人盧珍看壁了，明日下手。

問題一：為什麼門人們都不敢呈偈？他們不想得到傳承法脈嗎？

禪心解講：從表面上看，是門人覺得自己比不上神秀上座，他是教授師，也就是五祖的首席弟子，故他們都認為神秀上座必定會得到衣法，所以不願意冒險去挑戰他，而只想依靠神秀上座的恩典。但若更深入地分折，門人們都不敢呈偈，其實只因他們都缺乏此身成佛的自信，他們都不願相信和不能接受自己能夠「見性成佛」，所以都不配得到傳承法脈，更遑論荷擔傳法之大任。

上座神秀思惟：「諸人不呈心偈，緣我為教授師，我若不呈心偈，五祖如何得見我心中見解深淺？我將心偈上五祖呈，意求法即善，覓祖不善，卻同凡心奪其聖位。若不呈心偈，終不得法。」良久思惟，甚難，甚難。

夜至三更，不令人見，遂向南廊下中間壁上題作呈心偈，欲求衣法。「若五祖見偈，言此偈語，若訪覓我，我見和尚，即云是秀作。五祖見偈，若言不堪，自是我迷，宿業障重，不合得法，聖意難測，我心自息。」

秀上座三更於南廊中間壁上秉燭題作偈，人盡不知。偈曰：

身是菩提樹，心如明鏡台。
時時勤拂拭，莫使有塵埃。

問題一：神秀上座的心偈中，「身是菩提樹」和「心如明鏡台」分別代表什麼意義？

禪心解講：「身是菩提樹」意味著神秀上座認為自己的身體就是能夠成佛的根本，就像菩提樹是佛陀覺悟的地方一樣。「心如明鏡台」意味著神秀上座認為自己的心就是能夠反映真理的工具，就像明鏡台是能夠照見萬物的器物一樣。

問題二：神秀上座的心偈中，「時時勤拂拭，莫使有塵埃」和惠能之「見性成佛」所教之「頓悟」心地法門，有何相同之處？

禪心解講：相同之處是都強調要不斷地清除自己心中的雜念和煩惱，以保持清淨和覺性。神秀上座用「拂拭」和「塵埃」來比喻這一點，而惠能則用生活中「念念相續（常清淨）」和任運「一念堅持自性真佛（本清淨）」來描述這一點。

問題三：神秀上座的心偈中，「時時勤拂拭，莫使有塵埃」和惠能之「見性成佛」所教之「頓悟」心地法門，有何不同之處？

禪心解講：不同之處是神秀上座的心偈僅於注重自己的修持和功德，而忽略了對「自性真佛（本清淨）」的覺悟，更遑論在生活中「念念相續（常清淨）」任運「一念堅持自性真佛（本清淨）」了。神秀的心偈根本沒有提及對「自性真佛（本清淨）」的覺悟、信仰和依止，卻只妄想依賴自己拂拭塵埃的力量，根本就不可能「見性成佛」。

神秀上座題此偈畢,歸房臥,並無人見。

五祖平旦,遂喚盧供奉來南廊下,畫楞伽變相。五祖忽見此偈,讀訖,乃謂供奉曰:「弘忍與供奉錢三十千,深勞遠來,不畫變相了。《金剛經》云:『凡所有相,皆是虛妄。』不如留此偈,令迷人誦。依此修行,不墮三惡道;依法修行,有大利益。」

大師遂喚門人盡來,焚香偈前,眾人見已,皆生敬心。「汝等盡誦此偈者,方得見性,依此修行,即不墮落。」門人盡誦,皆生敬心,喚言善哉!

五祖遂喚秀上座於堂內,問:「是汝作偈否?若是汝作,應得吾法。」

秀上座言:「罪過,實是秀作。不敢求祖,願和尚慈悲,看弟子有少智慧,識大意否?」

五祖曰:「汝作此偈,見即未到,只到門前,尚未得入。凡夫依此偈修行,即不墮落。作此見解,若覓無上菩提,即不可得。要入得門,見自本性。汝且去,一兩日思惟,更作一偈來呈吾。若入得門,見自本性,當付汝衣法。」

秀上座去數日,作不得。

問題一:神秀上座的心偈是否能夠讓他達到「見性成佛」的境界?為什麼?

禪心解講:神秀上座的心偈雖然表達了他對自己修行的勤奮,但卻欠缺了對自己自性真佛的信心,這絕對不能讓他達到「成佛」的境界。他想要得到五祖的衣法,但根本不識自性佛的真實身份,只展現出他對自己的自性和成佛根本就沒有信心,所以五祖批評他的心偈只能讓他到達門前而不能讓他入得門,也就是仍只是「門外漢」的意思。

08

有一童子，於碓坊邊過，唱誦此偈。惠能一聞，知未見性，即識大意。能問童子：「適來誦者是何偈？」童子答能曰：「你不知大師言生死事大，欲傳衣法，令門人等各作一偈來呈看，悟大意，即付衣法，稟為六代祖。有一上座名神秀，忽於南廊下書無相偈一首，五祖令諸門人盡誦。悟此偈者，即見自性；依此修行，即得出離。」

惠能答曰：「我此踏碓八個餘月，未至堂前，望上人引惠能至南廊下，見此偈禮拜，亦願誦取，結來生緣，願生佛地。」

童子引能至南廊下，能即禮拜此偈。為不識字，請一人讀。惠能聞已，即識大意。惠能亦作一偈，又請得一解書人，於西間壁上題著，呈自本心。不識本心，學法無益，識心見性，即悟大意。

惠能偈曰：

菩提本無樹，明鏡亦無台。
佛性常清淨，何處有塵埃！

又偈曰：

心是菩提樹，身為明鏡台。
明鏡本清淨，何處染塵埃！

院內徒眾見能作此偈，盡怪。惠能卻入碓房。

五祖忽見惠能偈，即知識大意。恐眾人知，五祖乃謂眾人曰：「此亦未得了。」

問題一：惠能的心偈中，「菩提本無樹」和「明鏡亦無台」分別代表什麼意義？

禪心解講：「菩提本無樹」意味著惠能否定了神秀上座的觀點，認為自己的身體並不是成佛的根本，而是一種虛妄的相。菩提本沒有形體，而是一種覺悟的境界。「明鏡亦無台」意味著惠能也否定了神秀上座的觀點，認為自己的心並不是反映真理的工具，而其本來面目就是一空性，是一清淨的本質。

問題二：惠能的心偈中，「佛性常清淨，何處有塵埃」揭示惠能所教之「見性成佛」有何獨特之處？

禪心解講：惠能所教之「見性成佛」獨特之處，是強調其自性真佛之清淨本質已常恆顯現，不必透過任何外在的修持或拂拭才有，惠能用「何處有塵埃」來表達這一點，說明只需「肯定自性真佛」就能「證得自己的本性」。

問題三：惠能又作了一偈：「心是菩提樹，身為明鏡台。明鏡本清淨，何處染塵埃！」這一偈與他前一偈有何不同之處？

禪心解講：惠能又作了一偈，是為了回應神秀上座的觀點，認為自己的身體和心靈都可以成為成佛的條件(緣)，只需在身心苦惱中能覺察到它們的明鏡清淨本質。他用「心是菩提樹」和「身為明鏡台」來表達這一點，但他仍然用「明鏡本清淨」和「何處染塵埃」來否定神秀上座的反本逐末式的不見自性真佛的修持方法。

問題四：惠能的心偈是否能夠讓五祖弘忍見到他已達到「見性成佛」的境界？為什麼？

禪心解講：惠能的心偈表達了他對自己本性的覺察(明鏡本清淨)和對自己修行已超越一切煩惱(佛性常清淨)，五祖必然能見到惠能是一位「見性」者。但這仍只是自度，並不能讓他達到「成佛」的境界，惠能在《壇經》已說了「即佛行是佛」，是因為惠能的身份未能讓擁有出來為他人說佛法以利益他人成佛的「作佛」條件故。其實，惠能在初見五祖時就以「不求餘物，唯求作佛」來表明心迹了。但凡真心修學惠能禪的人，務必好好領會惠能此「求作佛心」，否則定然不能通達惠能之禪道。

09

五祖夜至三更，喚惠能堂內，説《金剛經》。惠能一聞，言下便悟。其夜受法，人盡不知，便傳頓法及衣，以為六代祖。將衣為信稟，代代相傳法；以心傳心，當令自悟。

五祖言：「惠能，自古傳法，氣如懸絲，若住此間，有人害汝，即須速去。」

問題一：五祖夜至三更，喚惠能堂內，説《金剛經》，惠能一聞，言下便悟。這個過程中，惠能悟到了什麼？

禪心解講：這個過程中，惠能悟到了自己本性清淨無染，與佛無異，也悟到了一切法無我、無常、無苦、無淨、無增減、無生滅、無相、無願、無智、無得等空性真理。根據惠能《壇經》的説法，「見性成佛」是在這一生中不論是出家或在家，不論是男或女，不論是老或少，只要能夠依照惠能的教法修行，就能夠證得自己的本性，即是佛性。

問題二：五祖弘忍傳授衣法給惠能，並說「代代相以心傳心，當令自悟」。這句話的含義是什麼？如何理解「心傳心」和「自悟」？

禪心解講：「心傳心」是一個師徒之間的互相印證，是印證「絕不需要改變或捨棄現在的肉身，也能夠直接成就佛的正等正覺境界的」，這「見性成佛」是一種「頓悟」或「見性(見自性真佛)」的法門，是能夠當下一念堅持自性真佛。能見「自性具足」，即名開悟，才能不執著於外相和分別心，直指清淨本源，當相即道。行者悟後生活，便是於日常行住坐臥中培養「任運住持」此悟境和隨緣應機在累積傳法利生的佛行功德而已。「即佛行是佛」，是成佛的直接方法。而五祖弘忍傳授衣法給惠能時說「代代相傳法，以心傳心，當令自悟」這句話的含義，就是指佛法不能只是靠文字或言語來傳授，而是靠師徒互印一念堅持之心，是心與心之間的感通。「衣法」只是五祖送給惠能的一個「故事」，不一定代表真有此「信物」，所以更準確地來說它只是五祖弘忍虛構之物，志在送給惠能的一個「具象徵性的衣法傳人故事」而已。

能得衣法，三更發去。五祖自送能至九江驛，登時便別。

五祖處分：「汝去，努力將法向南，三年勿弘此法。難去，在後弘化，善誘迷人。若得心開，與悟無別。」辭違已了，便發向南。

問題一：五祖弘忍對惠能的處分中，「三年勿弘此法」和「難去，在後弘化」的意思是什麼？

禪心解講：五祖弘忍對惠能的處分中，「三年勿弘此法」是指惠能在得到衣法後，要暫時隱藏自己的身份和法門，不要隨意傳授給他人。如果惠能過早地弘揚此法，可能會引起朝廷及當時佛教中舊有宗派中人的反對和猜疑，甚至有人會追殺他，因此五祖要惠能先避開紛擾，安心潛隱。而「難去，在後弘化」是指惠能雌伏十六年後，才遇有機緣和資源的人請求惠能說法，惠能才有身份說法去引導大眾覺悟自己的本性而成佛。惠能說《壇經》，不只一直灌輸自己的見解，因為惠能的頓悟法門並不是一種固定的形式或方法，而是一種隨順因緣和利益眾生的應機說法。惠能只在適當的時候，發揮自己的智慧和慈悲。

兩月中間，至大庾嶺。不知向後有數百人來，欲擬捉惠能、奪衣法。來至半路，盡總卻回。唯有一僧，姓陳名惠順，先是三品將軍，性行粗惡，直至嶺上，來趁犯著。惠能即還法衣，又不肯取：「我故遠來求法，不要其衣。」能於嶺上便傳法惠順。惠順得聞，言下心開。能使惠順即卻向北化人。

問題一：惠能大師為何要將法衣還給惠順，而惠順又為何不肯取呢？

禪心解講：這是一個極具象徵性的「故事」。在故事中，惠能大師要將法衣還給惠順，是要讓大家知道「法衣並非真正的法，而是一種外相和形式」。他不想讓大家執著於法衣，而忽略了法的本質。在故事中，惠順不肯取法衣，而是選擇聽了惠能的說法後開悟自己的真心，明白自性具足，見自性真佛，不需要依靠任何外物來證得佛法。這個「只求得法，不要其衣」思想也是《壇經》的一句開示，正合惠能所開示的「見性成佛」立場，人人都具有與佛無異的佛性，只要開悟自己的真心，即可能夠直接成為正知正覺的佛。

12

惠能來於此地，與諸官僚、道俗，亦有累劫之因。教是先聖所傳，不是惠能自知。願聞先聖教者，各須淨心，聞了願自除迷，如先代悟。

（下是法）

惠能大師喚言：

善知識，菩提般若之智，世人本自有之，即緣心迷，不能自悟，須求大善知識示道見性。

善知識，愚人智人，佛性本亦無差別，只緣迷悟，迷即為愚，悟即成智。

問題一：惠能大師說「教是先聖所傳，不是惠能自知」，這句話的意思是什麼？

禪心解講：惠能大師說「教是先聖所傳，不是惠能自知」，這句話的意思是他所傳授的法門並非惠能自己創造或發明的，而是他從先聖那裡接受和繼承的。惠能得到五祖「以心傳心」的印心認可和授以「衣法傳人」之肯定，成為禪宗第六祖。這反映了《壇經》對禪宗傳承和正統性的重視，惠能的禪不僅是自己的覺悟和智慧，更是先聖的傳承和心印。這也符合《壇經》所開示的人人都可以「見性成佛」立場，「得遇《壇經》者，如見吾(惠能)親授」就是宣布大家根本不須改變現在的肉體，唯依「一本《壇經》，不失本宗」便都能夠直接成為正知正覺的佛。

問題二：惠能大師說「菩提般若之智，世人本自有之」，這句話與其臨終偈「見自性真佛」有何關聯呢？

禪心解講：惠能大師說「菩提般若之智，世人本自有之」，與「見自性真佛」有密切的關聯。兩者都強調了人人都具有成佛的潛能和資格，不分智愚、貴賤、男女。但是，「見自性真佛」中的「自性真佛」是指一切眾生本來清淨無染的真如本性，而惠能大師說的「菩提般若之智」是指一切眾生本來具足的覺悟和智慧。「自性真佛」是一種「存在論」的說法，強調了眾生與佛無異的本質平等，「菩提般若之智，世人本自有之」則是一種「功能論」的說法，強調了眾生與佛無異的功能平等。而「見自性真佛」，即覺悟、體證本心是自性清淨心的修行，是名「見性成佛」。

13

善知識，我此法門，以定慧為本。

第一勿迷言定慧別。定慧體一不二，即定是慧體，即慧是定用；即慧之時定在慧，即定之時慧在定。

善知識，此義即是定慧等。學道之人作意，莫言先定發慧，先慧發定，定慧各別。作此見者，法有二相。口說善，心不善，定慧不等；心口俱善，內外一種，定慧即等。

自悟修行，不在口諍；若諍先後，即是迷人。不斷勝負，卻生我法，不離四相。

問題一：根據此經的立場，如何解釋「以定慧為本」在修行中的作用？

禪心解講： 在此經的觀點中，「以定慧為本」意味著惠能大師認為定和慧是修行之本，不可分離或偏執。惠能禪法是融合「定」和「慧」的實踐，其中「定」，又稱正定（三昧），代表肯定（一念堅持）；「慧」則象徵從「肯定自性真佛」，達到內在與外在的和諧，實現「能超越八萬四千煩惱的八萬四千種慧」。

問題二：針對「定慧體一不二」的理念，如何理解修行中的「定」與「慧」相互關係？

禪心解講：在《壇經》的觀點中，「定慧體一不二」強調定與慧的不可分割性。這意味著定與慧相互依存、相互貫通，定「肯定自性真佛」是慧（超越八萬四千煩惱的八萬四千種慧）的實質基礎，而慧（超越八萬四千煩惱的八萬四千種慧）則是定「肯定自性真佛」的運用與展現，定和慧兩者是彼此相輔相成的。這種統一觀念促使修行者通過結合二者的力量來達到精神覺醒和世間超越。

問題三：惠能大師說「即定是慧體，即慧是定用」，這句話如何開示定慧的關聯呢？

禪心解講：惠能大師說「定慧體一不二」後，指出「即定是慧體，即慧是定用」，是要更進一步說破了定慧的「體用不二」密切關聯。在「定慧體一不二」惠能先強調了定和慧的不二性和相互依存性，然後才進一步說出其實「定（直接肯定自性真佛）是體（真如本性的體現），慧（超越八萬四千煩惱的八萬四千種慧）是用（真如本性的功用）」。「即定是慧體，即慧是定用」強調了定和慧的「體用不二」，故知定（真如本性的體現）和慧（超越八萬四千煩惱的八萬四千種慧的功用）平等，也就是本體、功能平等。

問題四：惠能大師說「自悟修行，不在口諍；若諍先後，即是迷人。不斷勝負，卻生我法，不離四相」，這句話開示什麼道理呢？

禪心解講：惠能大師說：「自悟修行，不在口諍；若諍先後，即是迷人。不斷勝負，卻生我法，不離四相。」強調了自己覺悟自性真佛的重要性和必要性，不要陷入文字或爭辯的干擾或迷惑中失去真正的「自修、自作佛行」成佛。惠能大師說必須專注於「自悟修行」，在修行過程中自己必須直接去體驗「見自己心性的清淨無染（見自性真佛）」和不斷地努力展開「唯求作佛」人生，在過程中保持穩定和堅定，實現「即佛行是佛」。

14

一行三昧者，於一切時中行住坐臥，常行直心是。

《淨名經》云：「直心是道場」，「直心是淨土」。莫心行諂曲，
口說法直。口說一行三昧，不行直心，非佛弟子。但行直心，
於一切法無有執著，名一行三昧。

迷人著法相，執一行三昧，直言坐不動，除妄不起心，即是
一行三昧。若如是，此法同無情，卻是障道因緣。道須通流，
何以卻滯？心不住法即通流，住即被縛。若坐不動是，維摩
詰不合呵舍利弗宴坐林中。

善知識，又見有人教人坐，看心看淨，不動不起，從此置功。
迷人不悟，便執成顛倒。即有數百般如此教道者，故知大錯。

問題一：什麼是「一行三昧」？它與坐禪有何關係？

禪心解講：「一行三昧」是一種不受時空限制的修行境界，它是
以「直心」為本，是在「見自性真佛」後才能修養出來的「不執著
於一切法相（一切事物之現象）」的堅定「即佛行是佛」境界。它
與坐禪不同，坐禪一般來說只是一種具體的身體姿勢和呼吸方
法，它或可以幫助一些修行者安靜一下，但不能取代直心「唯
求佛作」之肯定力。如果只執著於坐禪的靜態形式，而忽略了
直心的「見自性真佛」及「唯求作佛」實質，那就是顛倒迷惑，違
背了一行三昧的真義。

問題二:為什麼《淨名經》說「直心是道場」,「直心是淨土」?

禪心解講:《淨名經》,就是《維摩詰經》,是一部闡述「入不二法門」的重要經典,它指出了「入不二法門」的根本在於「直心」,這也是修淨土的根本。「直心」是在見自性真佛後的不執著於一切法相的堅定作佛境界,是「不偏不倚、不增不減、不染不著」的真如本性。只有直心才能超越生死輪迴,證得究竟涅槃(念念度一切苦厄),因此直心就是「道場」,就是修行者所依止的真如法界;直心也是淨土,就是修行者能夠現證的真正極樂世界。

問題三:為什麼說「道須通流,何以卻滯?心不住法即通流,住即被縛」?

禪心解講:這句話是對那些誤解一行三昧為「坐不動」的人的批判。他們以為只要身體不動,心也不動,就能除去妄想,達到一行三昧。其實這是一種錯誤的執著,把一行三昧當成了一種「死水」。真正的道理是「活水」,禪者之生命活動就是要隨順「法界緣起(法界又名法身,就是自性真佛,可以簡稱為自性;自性能生萬法,是名法界緣起)」而流動,當下自心自然不執住於任何法相(法,是一切事物;相,是一切現象;法相,是一切事物現象),才能與無礙法界之清淨相應;如果心執住於某一法相,就會被那個法相所束縛,生起罣礙、恐怖和一切顛倒夢想。因此《壇經》說:「道須通流,何以卻滯?」

問題四：為什麼維摩詰呵責舍利弗的宴坐林中修行？

禪心解講：維摩詰之所以呵責舍利弗之宴坐林中修行（坐定不動），是因為他以為宴坐林中之修行能夠斷除所有的煩惱和顛倒見解的境界。他這種坐定不動，並非隨順「見自性真佛」和「即佛行是佛」的至理而行，故而絕非在修一行三昧。所以《壇經》說：「若坐不動是，維摩詰不合呵舍利弗宴坐林中。」這裡的「不合」，指的是若舍利弗沒有違背一行三昧的原則，則維摩詰就不用呵責他了。

問題五：為什麼說「教人坐，看心看淨」是一種大錯？

禪心解講：這句話也是對那些誤解一行三昧的人的批判。他們教人坐禪時，要求他們看自己的心和淨境，這其實是一種分別執著，把自己的心和淨境當成了真實的對象，這樣做只會增加妄想和執著，而不能見自性真佛以達到真正的清淨和解脫。真正的看心看淨是不用眼睛看，也不用思想想，而是建立「直心」。直心，就是「在見自性真佛後的不執著於一切法相的堅定作佛境界」，直心就是「無分別智慧」，唯百直心才能洞見一切法的真實相。這才是一行三昧的正道。

15

善知識，定慧猶如何等？如燈光。有燈即有光，無燈即無光。燈是光之體，光是燈之用。名即有二，體無兩般。此定慧法，亦復如是。

問題一：為什麼定慧要像燈光一樣，不能有二而只有一？

禪心解講：定慧就是體用不二。定慧的體用，就像燈和光一樣，燈和光不能有二而只有一，燈是光的本體，光是燈的功用。燈和光雖然有不同的名稱，但實際上是體用不二。定慧既像燈和光是體用不二，就是不分內外，不分高低，不分大小，因為不能有二而只有一。

問題二：如何在日常生活中實踐定慧合一的修持？

禪心解講：定慧合一的修持不是只限於坐禪的時候，而是要貫穿於日常生活的一切時刻。無論是行住坐臥，或是工作學習，或是與人交往，都要保持直心，不受外境的干擾，也不執著於內心的分別。直心就是本來清淨的心性，它能明瞭一切法相的真實，也能安住於法界的寂靜。這就是定慧的體用，只要有直心，就有定慧；只要有定慧，就有直心。這就是「見性成佛」的方法，也是《壇經》的精義。

善知識，法無頓漸，人有利鈍。迷即漸勸，悟人頓修。自識本心，自見本性。悟即元無差別，不悟即長劫輪迴。

問題一：惠能大師說「法無頓漸，人有利鈍。迷即漸勸，悟人頓修。」這句話的意思是什麼？如何理解「頓」和「漸」的關係？

禪心解講：在解答惠能所說「頓」和「漸」的關係之前，必須先了解「自識本心，自見本性」，說破了這「自識本心，自見本性」就是「見自性真佛」，又名「頓悟」。惠能說「悟人頓修」，「頓修」則包括着「頓悟」和「修養」兩部分，這個「修養」是指在日常思想與生活中要「認得」和「堅持」自性真佛，才會有了一種不動搖、不退縮、不放棄的心態，不受外在的干擾和內在的妄想所動搖，才能直接突破一切煩惱障礙。能明白此，才能正確了解「法無頓漸，人有利鈍。迷即漸勸，悟人頓修」的真實意思，唯是說明見性成佛本身沒有頓和漸的區別，只是因為人的根性和機力不同，有些人迷惑深重，需要適當地運用文字漸漸地勸導才能讓其接受和認識自己的自性真佛（漸勸）；有些人智慧明朗，可以頓然認識自性是真佛，並能在平常日用中修養自性具足之思想與生活（頓修）。若能這樣理解「漸勸」、「頓悟」和「頓修」的關係，就可以知道它們並不是對立或排斥的，而是相輔相成的。「迷即漸勸，悟人頓修」，基本上若沒有「漸勸」的基礎，就難以達到「頓悟」的境界，更遑論在平常日用中「頓修」以成就自性具足之思想與生活了。

問題二：惠能大師說「自識本心，自見本性。悟即元無差別，不悟即長劫輪回」，這句話在開示什麼大道理？

禪心解講：這句話強調要覺悟自己的本心和本性，本來「自性具足」，也就是「見自性真佛」。能悟此者，並決定以用一念堅持之力，突破一切障礙，可以直達成佛的境界。本來就「自性具足」，故覺悟只有一種，就是「見自性真佛」；惠能說「悟即元無差別」，是在開示「覺悟後就與佛無異」，沒有聖凡高低之分了。

17

善知識，我此法門，從上已來，頓漸皆立無念為宗，無相為
體，無住為本。

何名無相？無相者，於相而離相。無念者，於念而不念。無
住者，為人本性，念念不住。前念、今念、後念，念念相續，
無有斷絕。若一念斷絕，法身即離色身。念念時中，於一切
法上無住。一念若住，念念即住，名系縛。於一切法上念念
不住，即無縛也。此是以無住為本。

善知識，外離一切相，是無相。但能離相，性體清淨，是以
無相為體。

於一切境上不染，名為無念。於自念上離境，不於法上生念。
莫百物不思，念盡除卻。一念斷即死，別處受生。學道者用
心，莫不識法意。自錯尚可，更勸他人迷，不自見迷，又謗
經法，是以立無念為宗。即緣迷人於境上有念，念上便起邪
見。一切塵勞妄念，從此而生。然此教門，立無念為宗。

世人離見，不起於念。若無有念，無念亦不立。無者無何事？
念者念何物？無者，離二相諸塵勞；念者，念真如本性。真
如是念之體，念是真如之用。自性起念，雖即見聞覺知，不
染萬境，而常自在。

《維摩經》云：「外能善分別諸法相，內於第一義而不動。」

問題一：《壇經》的「頓修」法門，它與「無念、無相、無住」有何關係？

禪心解講：《壇經》所傳授的「頓修法門」，以「無念、無相、無住」為「宗、體、本」。「無念、無相、無住」是指「不受境界影響之一念堅持（無妄念），不執著分別煩惱之真如本性理體（無分別相），不固定於任何法相之無所住（無所住而住其心）」的心性，這心性就是真如本性，也就是「自性真佛解脫」。《壇經》修行者依此，直心覺知自己的真如本性，就是「頓悟」，見自性真佛；行者任運住持之於日常的思想與生活，所謂任運住持，就是務必要讓此一念堅特自性真佛之悟境「念念相續，無有斷絕」，是名「悟後起修」，這就是「頓修法門」的要旨。

問題二：為什麼說「於相而離相」？這與「外離一切相」有何關係？

禪心解講：「於相而離相」是指在面對各種有形有色的法相時，不著於其外表而能洞見其清淨的本質，因能常直心覺知自己的自性真佛故；「外離一切相」是指出離（超越）一切有形有色的法相，不讓其影響自己的心性，這是一種超越、達到本性清淨和平等的方法。兩者皆依「頓修法門」故，皆須先確立「無念、無相、無住」為「宗、體、本」。

問題三：為什麼說「念真如本性」？這與「不於法上生念」有何不同？

禪心解講：「念真如本性」是指直心覺知自己的真如本性，也就是自性真佛性解脫。「不於法上生念」是以萬物修證自己的方法，是一念堅持中達到無染萬境，直心覺知自性具足，本然清淨，這樣人生中一切的事物現象作為修行的資糧，自然自在不生妄念，這直心覺知不是用思想或想像得來，而是在一念堅持自性真佛中之觀察萬物清淨和平等的本質。前者開示「念真如本性」為頓修要旨，後者是「念真如本性」的方法。

問題四：為什麼說「真如是念之體，念是真如之用」？

禪心解講：《壇經》主張「一念堅持（一行三昧）」的修行方法，在一念之心堅持自己的自性真佛，直達自性真佛解脫的本源，自然自在不受外境的干擾。其「念是真如之用」、「真如是念之體」就是「體用不二」，「一念之心堅持自己的自性真佛」中的體，就是「自性真佛（真如）」；「自己的自性真佛」之用，即是「一念之心堅持（念）」，是一種超越分別思維的心力，是自然自在的表現和活動，能夠通達一切法的本來清淨，「實現自己唯求作佛的願力」就成為了已經證得佛性後的真實妙用。因此，「真如是念之體，念是真如之用」，是惠能《壇經》的核心教義之一。

問題五：為什麼引用《維摩經》中的「外能善分別諸法相，內於第一義而不動」？

禪心解講：「外能善分別諸法相」，意思是在外面能夠清楚地辨別各種法相的差別和特徵，不被迷惑或困擾；「內於第一義而不動」，意思是在內心能夠安住於「自性真佛解脫」這第一義，也就是真如本性，不被動搖或染污。這正好表達惠能大師「無念、無相、無住」為「宗、體、本」的境界，展現禪宗的不二法門，同時在指導行者修行，教導他們如何「頓修」成佛，更彰顯禪宗與其他宗派的差異，顯示禪宗的特色和優越性。

18

善知識，此法門中，坐禪原不著心，亦不著淨，亦不言不動。

若言看心，心元是妄，妄如幻故，無所看也。

若言看淨，人性本淨，為妄念故，蓋覆真如，離妄念，本性淨。不見自性本淨，起心看淨，卻生淨妄。妄無處所，故知看者，看卻是妄也。淨無形相，卻立淨相，言是功夫，作此見者，障自本性，卻被淨縛。

若修不動者，不見一切人過患，是性不動。迷人自身不動，開口即說人是非，與道違背。

看心看淨，卻是障道因緣。

問題一：此段的主要意旨是什麼？

禪心解講：惠能開示「坐禪」是不應該執著於「看心」或「看淨」或「身不動」，「坐禪」唯是「見自性本淨（自性真佛）」，超越一切妄想和相執。那些以為看心或看淨或身不動就能成佛的人，反而阻礙了自己的覺悟和解脫，更是在違背道理和眾生。故《壇經》云：「善知識，此法門中，坐禪原不著心，亦不著淨，亦不言不動。」

問題二：若修不動者，是要見到自己的本性不動，而不是「身不動」，如何才能見到自己的本性不動？

禪心解講：要見到自己的本性，不是求外在的佛或法，而直接證得自己與佛無異的真如之性；以一念之心，一念堅持自己的自性真佛。若能自證不受外境的干擾，即直達佛性的本源。

問題三：為什麼說「心元是妄」？惠能說「妄如幻故，無所看也」又有什麼意義？

禪心解講：一般人認為「心元是妄」，以為心是由無明和業力所造成的，才會執著於「看心」或「看淨」。惠能卻說「妄如幻故，無所看也」，道出妄並非真實的自性。心若隨順著外境和內情變化的無常，認得它是一種幻影而已，就不會再執著於看心或看淨，才看到的自己的自性具足，不受心的影響而常住清淨的。

19

今既如是，此法門中，何名坐禪？此法門中，一切無礙。外於一切境界上念不起為坐，見本性不亂為禪。

何名為禪定？外離相曰禪，內不亂曰定。外若著相，內心即亂；外若離相，內性不亂。本性自淨自定，只緣觸境，觸即亂，離相不亂即定。外離相即禪，內不亂即定。外禪內定，故名禪定。

《維摩經》云：「即時豁然，還得本心。」《菩薩戒經》云：「本源自性清淨。」

善知識，見自性自淨，自修自作自性法身，自行佛行，自作自成佛道。

問題一：何名坐禪？坐禪的目的和方法是什麼？

禪心解講：坐禪的名稱來自於梵語的dhyāna，惠能說是「外於一切境界上念不起為坐，見本性不亂為禪」。「坐」是方法，是「不受外境的影響而起分別，不執著於相」；「禪」是目標，是要證悟自己的本性不亂（自性真佛），即與佛無異的真如。

問題二：何名禪定？禪定的特徵和效果是什麼？

禪心解講： 禪定的名稱來自於梵語的samādhi，意思是定或定力。惠能說：「外離相即禪，內不亂即定。外禪內定，故名禪定。」可知禪定的特徵是「外離相，內不亂」，即不受外在的現象干擾，內在肯定自性真佛的境界不動，故常能一念堅持自性真佛，見自性清淨。

問題三：《維摩經》和《菩薩戒經》中的語句與坐禪和禪定有什麼關係？

禪心解講：《維摩經》和《菩薩戒經》中的語句都是表達了坐禪和禪定的要旨和結果。《維摩經》中的「即時豁然，還得本心」，是說明了通過坐禪和禪定，可以在瞬間突破一切障礙，回歸自己的本性清淨，即佛的真實體性。《菩薩戒經》中的「本源自性清淨」，是說明了自己的本性本來就是清淨的，一念堅持自可顯現本性的清淨。

20

善知識，總須自聽，與授無相戒。

一時逐惠能口道，令善知識見自三身佛：

於自色身歸依清淨法身佛，
於自色身歸依千百億化身佛，
於自色身歸依當來圓滿報身佛。

（已上三唱）

色身是舍宅，不可言歸。向者三身，自在法性，世人盡有，
為迷不見。外覓三身如來，不見自色身中三身佛。

善知識，聽汝善知識說，令善知識於自色身見自法性有三身
佛，此三身佛，從自性上生。

何名清淨法身佛？善知識，世人性自本淨，萬法在自性。思惟一切惡事，即行於惡行；思量一切善事，便修於善行。知如是，一切法盡在自性。自性常清淨，日月常明，只為雲覆蓋，上明下暗，不能了見日月星辰，忽遇惠風吹散，卷盡雲霧，萬像森羅，一時皆現。世人性淨，猶如清天，慧如日，智如月，智慧常明。於外著境，妄念浮雲覆蓋，自性不能明。故遇善知識，開真正法，吹卻迷妄，內外明徹，於自性中萬法皆現。一切法在自性，名為清淨法身。自歸依者，除不善心及不善行，是名歸依。

何名為千百億化身佛？不思量，性即空寂；思量，即是自化。思量惡法，化為地獄，思量善法，化為天堂。毒害化為畜生，慈悲化為菩薩，智慧化為上界，愚癡化為下方。自性變化甚多，迷人自不知見。一念善，智慧即生。

一燈能除千年暗，一智能滅萬年愚。莫思向前，常思於後。常後念善，名為報身。一念惡，報卻千年善亡；一念善，報卻千年惡滅。

無常已來，後念善，名為報身。從法身思量，即是化身；念念善，即是報身。

自悟自修，即名歸依也。皮肉是色身，是舍宅，不言歸依也。但悟三身，即識大意。

問題一：什麼是「三身佛」？「歸依三身佛」跟「無相界」和「成就佛果」有何關係？

禪心解講：「三身佛」分別是「法身」、「報身」和「化身」。「法身」是佛陀的本體（理體），即清淨無染的真如法性，超越一切法（一切事物）的界限；「報身」是為了教化眾生而顯現的人間身份，如釋迦牟尼佛、惠能等；「化身」是從法身思量的一念（一念堅持），佛教經典為了適應不同情況的眾生創造了諸佛菩薩之故事，目的是要讓行者修行「思量，即是自化」，自性變化甚多，思量慈悲化為菩薩，思量智慧化為上界；一念思量自心相應之佛菩薩，智慧即生。「歸依三身佛」是指「於自色身歸依清淨法身佛」、「於自色身歸依千百億化身佛」和「於自色身歸依當來圓滿報身佛」，指出「歸依」的真正意義和方法。「歸依」不是指對外在的佛、法、僧的信仰和依靠，也不是指對自己的皮肉身體的執著和依附，而是指對自己的自性真佛的覺悟和修行。真正的「歸依」，是要「歸依」自己的「三身佛」，這才是「歸依」的真義，這才是「歸依」的真法，這才是「歸依」的真戒，這才是「歸依」的真行，這才是「歸依」的真果，這才是「歸依」的真樂，這才是「歸依」的真佛。透過「歸依三身佛」的修行，「於自色身歸依清淨法身佛」，是見自性真佛圓滿法身境界，更是真正的「無相戒」；「於自色身歸依千百億化身佛」，以思量即自化故，於一念堅持自性具足以達到「法身相應的化身境界（從法身思量）」；「於自色身歸依當來圓滿報身佛」，念念「即佛行是佛」，即在這一生中能將自己的「報身轉化為佛住世故事」，成就三身佛果。

問題二：為什麼惠能說「一念惡，報卻千年善亡；一念善，報卻千年惡滅」？

禪心解講：惠能說「一念惡，報卻千年善亡；一念善，報卻千年惡滅」，是因為一念堅持自性真佛解脫是最重要的，是最關鍵的，是最決定性的，是最影響性的，是最創造性的，是最轉化性的，是最解脫性的。一念堅持可以改變一切，可以創造一切，可以滅除一切，可以解脫一切，故惠能說：「一燈能除千年暗，一智能滅萬年愚。」

21

今既自歸依三身佛已，與善知識發四弘大願。

善知識一時逐惠能道：

眾生無邊誓願度，煩惱無邊誓願斷，
法門無邊誓願學，無上佛道誓願成。

（三唱）

善知識，「眾生無邊誓願度」，不是惠能度。善知識，心中眾生，各於自身自性自度。何名自性自度？自色身中，邪見煩惱、愚癡迷妄，自有本覺性。只本覺性，將正見度。既悟正見般若之智，除卻愚癡迷妄，眾生各各自度。邪來正度，迷來悟度，愚來智度，惡來善度，煩惱來菩提度。如是度者，是名真度。

「煩惱無邊誓願斷」，自心除虛妄。「法門無邊誓願學」，學無上正法。「無上佛道誓願成」，常下心行，恭敬一切，遠離迷執，覺智生般若，除卻迷妄，即自悟佛道成，行誓願力。

問題一：什麼是「四弘誓願」？「四弘誓願」與「成佛」有何關係？

禪心解講：「四弘誓願」是佛教中的四句偈頌，願度無邊眾生，斷盡無邊煩惱，學習無邊法門，成就無上佛道，分別表達了「發心、修行、證果」的三種力量。「發心力」是指自己的無上菩提心之發生，「修行力」是指依照自己的自性真佛，自度自修，自淨自覺，自度自化，自證自成，「證果力」是指證悟自己的自性真佛，念念相繼與佛的三身相應，不受世間的所有束縛，在「即佛行是佛」中顯現自己的佛住世故事，即是成佛。「發心、修行、證果」的三種力量是惠能「唯求作佛」的原則和目標。通過「三力偈」，可以成就菩提心之發生，修行如何隨順自己的自性真佛，完成此生自己的佛住世故事，即是成佛。

問題二：為什麼《壇經》說「眾生無邊誓願度，不是惠能度」？這句話的意義和重要性是什麼？

禪心解講：《壇經》說「眾生無邊誓願度，不是惠能度」，是為了指出度眾生的主體和對象。度眾生的主體，不是惠能或其他善知識，而是眾生自己。度眾生的對象不是外在的眾生，而是自己心中的眾生。這句話的意義是，要讓眾生覺悟自己的自性真佛，自己度自己，不依賴他人，不執著於外相。這句話的重要性是，要突破迷執和執取的障礙，要發揮自己的主體性和自主性，要實現自己的「自性真佛解脫」。

問題三：為什麼《壇經》說「自悟自修，即名歸依也」？這句話的意義和重要性是什麼？

禪心解講：《壇經》說「自悟自修，即名歸依也」，是為了指出歸依的真正含義和方法。歸依不是指依靠外在的佛、法、僧，而是指依靠自己的自性真佛。歸依的方法不是指表面的儀式或形式，而是指內心的覺悟和修行。這句話的意義是，要讓自己的「自性真佛解脫」發揮出來，不受外在的干擾和影響，不迷失自己的本性。這句話的重要性是，要建立自己的信心和力量，要實現自己的自主和自立，要達到自己的自覺和自淨。

22

今既發四弘誓願，說與善知識無相懺悔，滅三世罪障。

大師言：

善知識，前念、後念及今念，念念不被愚迷染，
從前惡行一時除，自性若除即是懺；
前念、後念及今念，念念不被愚癡染，
除卻從前矯誑心，永斷名為自性懺；
前念、後念及今念，念念不被疽疫染，
除卻從前嫉妒心，自性若除即是懺。

（已上三唱）

善知識，何名懺悔？懺者，終身不作；悔者，知於前非。惡業恒不離心，諸佛前口說無益。我此法門中，永斷不作，名為懺悔。

問題一：《壇經》中的「無相懺悔」有何殊勝之處？

禪心解講：《壇經》中的「無相懺悔」是指不依賴外在的形式和儀式，而是從自性中除去一切惡業和煩惱，永斷不再造作。這以惠能所說的「自性真佛解脫」為根本，因為只有一念堅持「自性真佛」才能真正不受外在的規範和束縛，才能依自性的清淨和智慧，自然而然地除去凡夫的罪業思想模式，從內心出發，不著相執，不分別計度，而是直接體證自性的本來清淨圓滿。

問題二：《壇經》中的「念念不被愚迷染」與成佛有何關係？

禪心解講：《壇經》中的「念念不被愚迷染」是指每一個剎那（念念相續）都不讓自己被無明、罪業和生死輪迴之類的迷信思想所迷惑或污染，是保持一念堅持自性真佛。這與成佛有密切的關係，因為成佛是指不等待未來的解脫，而是在每個當下就證悟自己的自性真佛，不受生死的輪迴，是強調當下的覺察和實踐，不迷於過去和未來，不執著於罪業和命運，而是直接實現自性真佛解脫的境界於此生。

23

今既懺悔已，與善知識授無相三歸依戒。

大師言：

善知識，歸依覺，兩足尊；歸依正，離欲尊；歸依淨，眾中尊。從今已後，稱佛為師，更不歸依邪迷外道。願自三寶慈悲證明。

善知識，惠能勸善知識歸依自性三寶。佛者，覺也；法者，正也；僧者，淨也。自心歸依覺，邪迷不生，少欲知足，離財離色，名兩足尊。自心歸依正，念念無邪故，即無愛著，以無愛著，名離欲尊。自心歸依淨，一切塵勞妄念，雖在自性，自性不染著，名眾中尊。

凡夫不解，從日至日，受三歸依戒。若言歸佛，佛在何處？若不見佛，即無所歸。既無所歸，言卻是妄。

善知識，各自觀察，莫錯用意。經中只言自歸依佛，不言歸依他佛，自性不歸，無所依處。

問題一：為什麼惠能要授「無相三歸依戒」？它和一般的三歸依戒有何不同？

禪心解講：惠能授無相三歸依戒，是為了讓大家覺悟自性真佛。無相三歸依戒，是指歸依自性中的覺、正、淨，而不是歸依外在的佛、法、僧。無相三歸依戒，重點不在依靠形相或儀式，而在於無執於罪業或生死輪迴思想，證得自性真佛解脫。無相三歸依戒，是惠能所主張的簡單成佛方法。

問題二：為什麼惠能大師說「經中只言自歸依佛，不言歸依他佛，自性不歸，無所依處」？

禪心解講：惠能大師說「經中只言自歸依佛，不言歸依他佛，自性不歸，無所依處」，是為了指出迷人的錯誤，迷人以為歸依佛，就是歸依外在的佛像或佛，不知道自性是真佛。惠能大師說，只有回歸自性真佛，才是真正的歸依，這才是惠能所傳的「見性成佛」。

問題三：什麼是自歸依法？什麼是自歸依僧？

禪心解講：自歸依法是指以自性為法，不求他法，因為自性真佛解脫就是法，法就是自性真佛解脫；亦只有自性真佛解脫的法，才是真實不變的正法。自歸依僧是指以自性清淨為僧，不求他僧，因為自性清淨就是僧；亦只有自歸依自性清淨為僧，才可以度自心眾生無邊。

24

今既自歸依三寶，總各各至心，與善知識說摩訶般若波羅蜜法。

善知識，雖念不解，惠能與說，各各聽：

摩訶般若波羅蜜者，西國梵語，唐言大智慧到彼岸。此法須行，不在口念；口念不行，如幻如化。修行者，法身與佛等也。

何名摩訶？摩訶者，是大。心量廣大，猶如虛空。若定心禪，即落無記。空能含日月星辰、大地山河、一切草木、惡人善人、惡法善法、天堂地獄，盡在空中。世人性空，亦復如是。

問題一：什麼是「摩訶般若波羅蜜」？「摩訶般若波羅蜜」如何幫助修行者達到「見性成佛」？

禪心解講：「摩訶般若波羅蜜」是指一種能夠一念堅持自性真佛，不受外境干擾，不起分別念想，讓修行者體驗到心的廣大無礙，猶如虛空，能夠含容一切法，而不執著於任何法。這樣，修行者就能夠超越一切對立的觀念，如惡人善人、惡法善法、天堂地獄等，而證悟到一切法的圓滿真實體性。這是「摩訶般若波羅蜜」的核心，也是「見性成佛」的基礎。

問題二：什麼是「修行者，法身與佛等」？它與「摩訶般若波羅蜜」有何關係？

禪心解講：前說「自修自作自性法身」，是指肯定自己的本性清淨，去修養在生活中之一念堅持自性真佛，以實現自即佛的真實體性。今說「修行者，法身與佛等」是指修行者的法身與佛的法身是同一性質，沒有差別。法身是既佛的真實體性，更是修行者乃至一切法的實相。「摩訶般若波羅蜜」簡單來說就是大智慧到彼岸，是佛的最高智慧，是能證悟法身的智慧。只作深入分折，「摩訶般若波羅蜜」可稱為「圓慧（一念堅持圓滿能生百萬四千慧）」，當中包合着「圓滿」和「能生百萬四千慧以除八萬四千煩惱」的體用關係。故知「摩訶般若」者，此「圓慧」體用不二心也；「波羅蜜多」者，到彼岸也，像徵煩惱的超越。「摩訶般若波羅蜜多」是一種超越言説的法，是直接顯現「與佛的法身（圓滿真實體性）相應」的，故惠能説「修行者，法身與佛等」，這是「法身」每個人都有，只要修習「摩訶般若波羅蜜」在生活中之一念堅持自性真佛，就能在此生證得法身，成為佛。

性含萬法是大；萬法盡是自性。見一切人及非人、惡之與善、惡法善法，盡皆不捨，不可染著，猶如虛空，名之為大，此是摩訶行。

迷人口念，智者心行。又有迷人，空心不思，名之為大，此亦不是。心量大，不行是小。若口空說，不修此行，非我弟子。

問題一：「性含萬法是大；萬法盡是自性」和「見一切人及非人、惡之與善、惡法善法，盡皆不捨，不可染著，猶如虛空，名之為大，此是摩訶行」是何道理？如何修證？

禪心解講：「性含萬法是大」是指一切法的本性是「大」；一念堅持自性真佛解脫是「大」，通於「佛的法身」是「大」；「大」是「無有二相，無有差別」。「萬法盡是自性」是指「自性真佛」是一切法的根源，是一切法的總攝，一切法即是「自性真佛」的展現。行者於「一念堅持自性真佛解脫」即與「性含萬法是大；萬法盡是自性」相應而生廣大相，能「見一切人及非人、惡之與善、惡法善法，盡皆不捨，不可染著，猶如虛空」，心無罣礙，心無恐怖，心無染著，心如虛空，此是「摩訶行」。

何名般若？般若是智慧。一切時中，念念不愚，常行智慧，即名般若行。一念愚即般若絕；一念智即般若生。世人心中常愚，自言我修般若。般若無形相，智慧性即是。

何名波羅蜜？此是西國梵音，唐言到彼岸，解義離生滅。著境生滅起，如水有波浪，即是於此岸；離境無生滅，如水承長流，即名到彼岸，故名波羅蜜。

迷人口念，智者心行。當念時有妄，有妄即非真有。念念若行，是名真有。悟此法者，悟般若法，修般若行。不修即凡。一念修行，法身等佛。

善知識，即煩惱是菩提。前念迷即凡，後念悟即佛。

善知識，摩訶般若波羅蜜，最尊最上第一，無住無去無來，三世諸佛從中出，將大智慧到彼岸，打破五陰煩惱塵勞，最尊最上第一。讚最上乘法，修行定成佛。無去無住無來往，是定慧等，不染一切法，三世諸佛從中出，變三毒為戒定慧。

問題一：「一念愚即般若絕；一念智即般若生」這句話的意思是什麼？如何實踐這句話？

禪心解講：這句話的重心是「一念智」，在《壇經》開示中惠能更進一步說明「般若」是「一般若能生八萬四千慧」；細意分析就是「一念智即般若生」以「生八萬四千慧」的意思。「智」是堅持肯定「純一圓滿、清淨潔白」為一切事物的真實相，故「一念智」是「一念堅持」一切法本性清淨圓滿，這就是「般若生」，又名「證菩提」。因此，修行者應該時刻保持念念相續均「一念堅持」，不受外境的干擾，不執著罣礙、恐怖顛倒夢想等煩惱，就是實修「般若行」。只在當下「一念堅持」自己的「自性真佛解脫」，這就是修般若的方法。

問題二：「善知識，即煩惱是菩提。前念迷即凡，後念悟即佛」，這句話的意思是什麼？這句話與「見性成佛」的關係是什麼？

禪心解講：「即煩惱是菩提」就是「煩惱即菩提」。「即」字在佛教經典常出現，如《證道歌》説「無名自性即佛性，幻化空身即法身」，不是「即是」意，而是「同體」、「不一不二」義。所以「即煩惱是菩提」這句話的意思是「煩惱和菩提是同體」，是不一不二，在「罣礙、恐怖顛倒夢想」等煩惱生起的當下生起「一念智」破除煩惱；因為破除八萬四千煩惱之八萬四千種方法的根源是「一念智」。唯「一念智」能將無明思想（罪業、生死輪迴）轉化為般若思想（一般若能生八萬四千慧來除八萬四千煩惱），故名「菩提」。在「一念堅持」的當下「煩惱與菩提同體」，就是這個的意思。這句話與「見性成佛」的關係是，修行者不需要等待或尋求什麼特殊的境界或條件，就能在當下的一念堅持「自性真佛解脫」中證悟自心的本性，就能在每一念中見性成佛，這就是「見性成佛」的道理。

善知識，我此法門，從一般若生八萬四千慧。何以故？為世人有八萬四千塵勞。若無塵勞，般若常在，不離自性。悟此法者，即是無念、無憶、無著。莫起雜妄，即自是真如性。用智慧觀照，於一切法不取不捨，即見性成佛道。

問題一：「從一般若生八萬四千慧」，這句話的意思是什麼？這句話與「一念智」的關係是什麼？

禪心解講：「從一般若生八萬四千慧」中的「一」，意思是一念堅持「一切法本性清淨圓滿」，就是「一般若生」；從「一般若生」，自得「八萬四千慧」，以般若是八萬四千慧的根源故。由於世人有各種各樣的八萬四千煩惱，所以需要方法就是八萬四千慧，這也是惠能説「從一般若生八萬四千慧」的意思和修行法，目的在於引導所有如法修行者達到成佛。

問題二：「用智慧觀照，於一切法不取不捨，即見性成佛道」這句話的意思是什麼？

禪心解講：這句話的意思是，修行者應該「用般若的立場（一念堅持一切法本性清淨圓滿）」來觀察一切現象，不執著也不排斥一切事一切物，這樣行者就能見證到「自己的自性真佛解脱」即一切法的真實相。這就是「見性成佛」之道。這「見性成佛」是不需要等待或尋求什麼特殊的境界或條件，就能在當下的身心中證悟「佛性本有清淨」和「常清淨」而已。只要能夠用「智慧觀照」一切法，不取不捨，就能在一念中見性成佛，這就是惠能「見性成佛道」的意思。

善知識，若欲入甚深法界，入般若三昧者，直修般若波羅蜜行，但持《金剛般若波羅蜜經》一卷，即得見性，入般若三昧。當知此人功德無量。經中分明讚歎，不能具説。

此是最上乘法，為大智上根人説。小根智人若聞法，心不生信。何以故？譬如大龍，若下大雨，雨於閻浮提，城邑聚落，悉皆漂流，如漂草葉；若下大雨，雨於大海，不增不減。若大乘者，聞説《金剛經》，心開悟解。故知本性自有般若之智，自用智慧觀照，不假文字。譬如其雨水，不從天有，元是龍王於江海中將身引此水，令一切眾生、一切草木、一切有情無情，悉皆蒙潤。諸水眾流，卻入大海，海納眾水，合為一體。眾生本性般若之智，亦復如是。

問題一：《壇經》中說「直修般若波羅蜜行，但持《金剛般若波羅蜜經》一卷，即得見性，入般若三昧」，這句話的意思是什麼？

禪心解講：《金剛般若波羅蜜經》十分強調「受持讀誦四句偈，為他人說」之「法布施」，這「為人說法」跟惠能所說「即佛行是佛」核心思想一致。「受持讀誦四句偈」這句話的包含着此經乃至一切經的「印心」方法，修行者只要持誦經中「四句偈」，自契入「般若三昧」，不執著於任何相，也就是能夠在當下的身心中肯定「自性真佛解脫」，照見了一切法的清淨本性，此即是「見自性真佛」，又名「即得見性」。這是最高的佛法，適合那些具有大智上根的人。所謂大智上根，即聽聞了頓教就會產生信心，不會感到困惑和懷疑，且不依賴其他的法門或方法就能直觀一切法的本性清淨，在當下的身心中肯定「自性真佛解脫」。

小根之人，聞説此頓教，猶如大地草木根性自小者，若被大雨一沃，悉皆自倒，不能增長。小根之人，亦復如是。

有般若之智，與大智之人亦無差別。因何聞法即不悟？緣邪見障重，煩惱根深。猶如大雲，蓋覆於日，不得風吹，日無能現。

般若之智亦無大小，為一切眾生自有迷心，外修覓佛，未悟自性，即是小根人。聞其頓教，不假外修，但於自心令自本性常起正見，煩惱塵勞眾生，當時盡悟。猶如大海納於眾流，小水大水合為一體，即是見性。內外不住，來去自由，能除執心，通達無礙。心修此行，即與《般若波羅蜜經》本無差別。

問題一： 什麼是頓教？為什麼小根之人聞説此頓教，會如大雨一沃，悉皆自倒，不能增長？

禪心解講：頓教是指直接證悟「自性真佛解脱」，小根之人聞説此頓教會如大雨一沃悉皆自倒，不能增長。因為迷信「罪業、生死輪迴」的思想，讓他們根本失去「唯求作佛」和「即佛行是佛」的信心和肯定心，而無法真正悟道。

一切經書及文字，小大二乘十二部經，皆因人置。因智慧性故，故然能建立。若無世人，一切萬法本亦不有。故知萬法，本從人興；一切經書，因人說有。

緣在人中，有愚有智。愚為小人，智為大人。迷人問於智者，智人與愚人說法，令使愚者悟解心開。迷人若悟解心開，與大智人無別。

故知不悟，即佛是眾生；一念若悟，即眾生是佛。故知一切萬法，盡在自身心中。何不從於自心，頓見真如本性？《菩薩戒經》云：「我本源自性清淨。」識心見性，自成佛道。《淨名經》云：「即時豁然，還得本心。」

問題一：惠能說一切經書及文字皆因人置，是何用意？

禪心解講：一切經書及文字皆因人置，是指一切經書及其文字創造和傳播，都在於喚醒各人覺察到能自己所執著的，並透過如法修證經法而超越之。惠能說此話，也是感慨很多人讀經只以學問為旨，只重經釋文字而不知經教本意，最為可悲。

問題二：什麼是「迷人」和「智人」？他們之間的差別是什麼？他們又如何能夠合一？

禪心解講：上文既說「一切經書及文字，皆因人置」，這裡所指的「迷人」，自然是指那些不知經教本意，而讀經，只以經釋文字學問為旨而陷入各種執想的人。「智人」則是指那些對佛教經法的真義有清晰的了解而能將無明思想（罪業、生死輪迴）轉化為般若思想（一智能生八萬四千慧來除八萬四千煩惱），也就是超越各種妄想和煩惱的人。迷人和智人之間的差別，是在於能否一念堅持「純一圓滿、清淨潔白」為一切事物的真實相，也就是惠能所說的「一念智，即般若生」，又名「識心見性，自成佛道」。迷人認為自己是罪業、生死輪迴眾生，而智人是一念堅持自性真佛解脫，能夠「即佛行是佛」。迷人和智人又如何能夠合一，是通過智人給迷人說法，令使迷人打開「自性真佛解脫」之心扉以覺悟「即佛行是佛」的。迷人若悟解心開，與大智人無別，目的在於引導法人如法修行達到「頓見真如本性」，又名「見性成佛」。

31

善知識，我於忍和尚處，一聞言下大悟，頓見真如本性。是故將此教法流行後代，令學道者頓悟菩提，各自觀心，令自本性頓悟。若不能自悟者，須覓大善知識示道見性。

何名大善知識？解最上乘法，直示正路，是大善知識。是大因緣，所謂化道，令得見性。一切善法，皆因大善知識能發起故。三世諸佛、十二部經，在人性中本自具有。不能自悟，須得善知識示道見性；若自悟者，不假外求善知識。若取外求善知識，望得解脫，無有是處。識自心內善知識，即得解脫。若自心邪迷，妄念顛倒，外善知識即有教授，救不可得。汝若不得自悟，當起般若觀照，剎那間妄念俱滅，即是自真正善知識，一悟即至佛地。

自性心地，以智慧觀照，內外明徹，識自本心。若識本心，即是解脫。既得解脫，即是般若三昧。悟般若三昧，即是無念。

何名無念？無念法者，見一切法，不著一切法；遍一切處，不著一切處。常淨自性，使六賊從六門走出，於六塵中不離不染，來去自由，即是般若三昧，自在解脫，名無念行。若百物不思，當令念絕，即是法縛，即名邊見。悟無念法者，萬法盡通；悟無念法者，見諸佛境界；悟無念頓法者，至佛位地。

問題一：什麼是大善知識？為什麼有些人需要大善知識示道見性，而有些人不需要？

禪心解講：大善知識是指能夠解釋最上乘的佛法，直指開示「自性真佛解脫」之道而令迷人悟解心開的人間導師。他們是擁有「唯求作佛」之唯一大事因緣者，故能化導迷人悟解心開，讓他們見性成佛。若有人未能堅持信自性真佛解脫，便需要大善知識的引導和啟發，示道見性。只要行者透過如法修證經法，能夠自覺念念培養「一智能生八萬四千慧來除八萬四千煩惱」，就不需要依賴外在的求取和不需要依靠大善知識來示道見性了。

問題二：什麼是般若三昧？為什麼悟般若三昧，即是無念？為什麼無念法者，萬法盡通？

禪心解講：「般若三昧」是指能夠念念培養「一智能生八萬四千慧來除八萬四千煩惱」，就是在「念真如本性」的一念堅持中「離二相諸塵勞」。惠能既說「無者，離二相諸塵勞；念者，念真如本性」，故知證悟般若三昧，即是無念。因為「般若三昧」就是「無念法」，能讓行者於「一智能生八萬四千慧來除八萬四千煩惱」，能夠見到一切法的真如本性，不著一切法，不受一切法的影響，而達到一切法本性清淨的本然，故惠能說「無念法者，萬法盡通」。

32

善知識，後代得吾法者，常見吾法身不離汝左右。

善知識，將此頓教法門，同見同行，發願受持，如事佛教。終身受持而不退者，欲入聖位，然須傳授。從上已來，默然而付衣法，發大誓願，不退菩提，即須分付。若不同見解，無有志願，在在處處，勿妄宣傳。損彼前人，究竟無益。若愚人不解，謗此法門，百劫千生，斷佛種性。

問題一：什麼是「法身」？「法身」與「見性成佛」有何關係？

禪心解講：「法身」，又名「法身佛」，惠能稱之為「清淨法身佛」。《壇經》云：「何名清淨法身佛？善知識，世人性本自淨，萬法在自性。」既說「性本自淨（自性具足圓滿清淨）」，又說「萬法在自性（自性能生萬法）」，則「萬法本性（法性）」自然就是「清淨圓滿」的了，故證道者共證之最高的、永恆的、遍及整個宇宙的超越的真理，就是「法界體性（宇宙作為一個整體之真如理性）」。依事顯理故，「般若三昧」慧眼能見、能親證不生不滅、不增不減、本來清淨的法身（諸法實性）。「般若三昧」還原諸法本來清淨的法身，就是「見性成佛」。這「見性成佛」，一生就能證得佛果，不必經過無量劫的修行，其關鍵在於覺悟「世人性本自淨，萬法在自性」。

問題二：為什麼惠能說要「默然而付衣法」？

禪心解講：惠能禪的核心是要讓大家直接覺悟自性真佛解脱，而不能只以經釋文字學問為旨。故惠能重新強調「默然而付衣法」這個禪宗乃至佛教的印心特色。所謂「衣法」其實就是「法脈傳承」之象徵性，即惠能自述身世時所説的「衣為信稟，代代相傳法」；「默然而付」是惠能所説「以心傳心，當令自悟」的傳佛心印的意思。

33

大師言：

善知識，聽吾說《無相頌》，令汝迷者罪滅，亦名《滅罪頌》。

頌曰：

愚人修福不修道，謂言修福便是道。
佈施供養福無邊，心中三業原來造。
若將修福欲滅罪，後世得福罪原在。
若解向心除罪緣，各自性中真懺悔。
若悟大乘真懺悔，除邪行正即無罪。
學道之人能自觀，即與悟人同一類。
大師令傳此頓教，願學之人同一體。
若欲當來覓本身，三毒惡緣心裡洗。
努力修道莫悠悠，忽然虛度一世休。
若遇大乘頓教法，虔誠合掌至心求。

大師說法了，韋使君、官僚、僧眾、道俗，讚言無盡，昔所
未聞。

問題一：什麼是「無相頌」，亦名「滅罪頌」，為什麼能令迷者罪滅？

禪心解講：「無相頌」是惠能所作的一首偈頌，用以表達「無相」法門，即不受一切「罪業、生死輪迴」思想模式所拘束的「見自性真佛」解脫境界；一念堅持自性真佛解脫，並念念相續培養「般若三昧」思想與生活，能令行者超越「罪業、生死輪迴」思想，故名「滅罪頌」。一念堅持自性真佛解脫，能助行者自度自心眾生無邊，從而消除一切「罪業、生死輪迴」的罣礙、恐怖和顛倒夢想，達到清淨心的本然，即是般若三昧，自在解脫，無有罪惡。

問題二：什麼是「修福不修道」？為什麼修福不能滅罪，而要向心除罪緣？

禪心解講：「修福不修道」是指一些愚人只知道做一些佈施供養等善事，以為這樣就能修得佛道，而不知道要修習真正的佛法，覺悟自己的清淨本性。修福不能滅罪，是因為若要滅罪，就要向心除罪緣，要悟最上乘，要在自己的性中生起真佛解脫，要行佛行，即是無相滅罪，即是無念、無相、無住法門。

34

使君禮拜，白言：「和尚説法，實不思議。弟子今有少疑，欲問和尚，望意和尚大慈大悲，為弟子説。」

大師言：「有疑即問，何須再三。」

使君問：「法可不是西國第一祖達摩祖師宗旨？」

大師言：「是。」

使君問：「弟子見説，達摩大師化梁武帝，帝問達摩：『朕一生以來，造寺、佈施、供養，有功德否？』達摩答言：『並無功德。』武帝惆悵，遂遣達摩出境。未審此言，請和尚説。」

六祖言：「實無功德，使君勿疑達摩大師言。武帝著邪道，不識正法。」

使君問：「何以無功德？」

和尚言：「造寺、佈施、供養，祇是修福，不可將福以為功德。功德在法身，非在於福田。自法性有功德，見性是功，平直是德。內見佛性，外行恭敬。若輕一切人，吾我不斷，即自無功德。自性虛妄，法身無功德。念念行平等直心，德即不輕。常行於敬，自修身即功，自修心即德。功德自心作，福與功德別。武帝不識正理，非祖大師有過。」

問題一：什麼是「功德在法身，非在於福田」？

禪心解講：何謂「功德」？惠能説「自修身即功，自修心即德」，又説「自性虛妄，法身無功德。念念行平等直心，德即不輕」，能夠依靠自己的身心修養，鍛鍊自己的「念念行平等直心 (正念昂揚)」而不依賴外在的因緣和工具，來證得自己的「自性真佛解脱」法身能力 (又名法界力)，才是「功德」的真諦。「自性真佛解脱」，是宇宙的真實體性，是超越一切現像和分別的，故宇宙整體就是「法身」，而「自性真佛解脱」是法界力，自然是人人自性具足的；行者若能於念念行平等直心 (一行三昧，常行直心) 中，自然能生起「自性真佛解脱」。所以惠能説「功德在法身，非於福田」，是因為自性真佛解脱不需由外在的佛或神力賜予的，更不是由外在的福田或福報所累積的。有些佛教僧團有意主張「今生多種福田，來生好修行」，這只能增加眾生對「罪業，生死輪迴」的執著和迷惑，其實是居心叵測。

35

使君禮拜。又問：「弟子見僧俗常念阿彌陀佛，願往生西方。請和尚說，得生彼否？望為破疑。」

大師言：「使君，聽惠能與說。世尊在舍衛城，說西方引化，經文分明，去此不遠。祇為下根說遠，說近只緣上智。人有兩種，法無兩般。迷悟有殊，見有遲疾。迷人念佛生彼，悟者自淨其心。所以佛言：『隨其心淨，則佛土淨。』使君，東方人但淨心即無罪；西方人心不淨亦有愆。迷人願生東方、西方，所在處並皆一種。心但無不淨，西方去此不遠；心起不淨之心，念佛往生難到。除十惡即行十萬，無八邪即過八千，但行直心，到如彈指。使君，但行十善，何須更願往生？不斷十惡之心，何佛即來迎請？若悟無生頓法，見西方祇在剎那；不悟頓教大乘，念佛往生路遠，如何得達？」

六祖言：「惠能與使君移西方剎那間，目前便見。使君願見否？」

使君禮拜：「若此得見，何須往生，願和尚慈悲，為現西方，大善！」

大師言：「一時見西方，無疑即散。」

大眾愕然，莫知何是。

大師曰：「大眾，大眾作意聽：世人自色身是城，眼耳鼻舌身即是城門。外有五門，內有意門。心即是地，性即是王。性在王在，性去王無。性在身心存，性去身心壞。佛是自性作，莫向身外求。自性迷，佛即是眾生；自性悟，眾生即是佛。慈悲即是觀音，喜捨名為勢至。能淨是釋迦，平直即是彌勒。人我即是須彌，邪心即是海水，煩惱即是波浪，毒心即是惡龍，塵勞即是魚鱉，虛妄即是鬼神，三毒即是地獄，愚癡即是畜生，十善即是天堂。無人我，須彌自倒；除邪心，海水竭；煩惱無，波浪滅；毒害除，魚龍絕。自心地上覺性如來，放大智慧光明，照曜六門清淨，照破六欲諸天，下照三毒若除，地獄一時消滅。內外明徹，不異西方。不作此修，如何到彼？」

座下聞說，讚聲徹天。應是迷人，了然便見。使君禮拜，讚言：「善哉！善哉！普願法界眾生聞者，一時悟解。」

問題一：為什麼惠能説「迷人念佛生彼，悟者自淨其心」？這句話與「建設淨土」的理念有何關聯？

禪心解講：大師説「迷人念佛生彼，悟者自淨其心」，是要指出念佛往生有迷人和悟人的兩種境界。第一種是迷人念佛，是指那些錯認淨土為異度時空的存在世界，只講死後往生淨土在淨土成佛的，堅持這裡不是淨土，則所謂往生淨土思想，也就成為了輕世間而重出離的偏見。第二種是悟者自淨其心，是指那些能夠覺悟自性具足，他們不必遠離娑婆世界，就能在「見自性真佛」中「移西方刹那間，目前便見」淨土，並且念念相覺與阿彌陀佛同體，生活中隨時隨處見佛聞法。這句「悟者自淨其心」的理念，是要「自性真佛解脱」為念佛的心法，來淨化人心，用日常凡夫的生活芳範淨化社會，通過思想和生活的淨化、精神的淨化，以聚沙成塔、滴水穿石的逐步努力，來完成現世界的淨化和人生自然的淨化。因此念佛真正的目的是要覺悟自性真佛解脱，不是只在死後才使我們去往生淨土成佛，而是在現在活着的時候就加以自淨其心，使我們從今生直至未來永遠都活在絕對的幸福中，此刻就可過着滿足的生活，這就是「悟者自淨其心」真正的念佛法門。

問題二：為什麼惠能説「自心地上覺性如來，放大智慧光明，照曜六門清淨，照破六欲諸天，下照三毒若除，地獄一時消滅。內外明徹，不異西方。」？這句話與「淨土」的意義有何關係？

禪心解講：大師説「自心地上覺性如來，放大智慧光明，照曜六門清淨，照破六欲諸天，下照三毒若除，地獄一時消滅。內外明徹，不異西方。」，是要説明自心就是佛，自心就是淨土。淨土是佛教的一種像徵性，用來表示主佛與諸菩薩聖眾的集會，這其實是代表開悟成佛者的境界和目標。經中淨土的形容一方面代表自性具足的圓滿無缺，另一方面代表佛法的嚴密無漏，兩種代表性相合就是圓滿嚴密的佛法體現，故惠能説的「自心地上覺性如來」，就是指自心就是圓滿的淨土，自心就是佛性自解脫的圓滿無缺；「放大智慧光明，照曜六門清淨，照破六欲諸天，下照三毒若除，地獄一時消滅」，就是指自心就是嚴密無漏的淨土，自心就是佛法的嚴密無漏。自心能夠以智慧光明，照破一切的煩惱和障礙，清淨自己的六根，超越六道的輪迴，斷除三毒的根源，消滅地獄的苦因。這樣的自性真佛解脫境界，就是「內外明徹，不異西方」，也就是與阿彌陀佛的極樂淨土無二無別。這就是惠能説的「要能與使君移西方刹那間，目前便見」了。

36

大師言：「善知識，若欲修行，在家亦得，不由在寺。在寺不修，如西方心惡之人。在家若修行，如東方人修善，但願自家修清淨，即是西方。」

使君問：「和尚，在家如何修？願為指授。」

大師言：「善知識，惠能與道俗作《無相頌》，盡誦取，依此修行，常與惠能說一處無別。

頌曰：

說通及心通，如日處虛空，惟傳頓教法，出世破邪宗。
教即無頓漸，迷悟有遲疾，若學頓教法，愚人不可悉。
說即雖萬般，合理還歸一，煩惱暗宅中，常須生慧日。
邪來因煩惱，正來煩惱除，邪正悉不用，清淨至無餘。
菩提本清淨，起心即是妄，淨性於妄中，但正除三障。
世間若修道，一切盡不妨，常見在己過，與道即相當。
色類自有道，離道別覓道，覓道不見道，到頭還自懊。
若欲覓真道，行正即是道，自若無正心，暗行不見道。
若真修道人，不見世間過，若見世間非，自非卻是左。
他非我不罪，我非自有罪，但自去非心，打破煩惱碎。
若欲化愚人，事須有方便，勿令彼有疑，即是菩提現。
法原在世間，於世出世間，勿離世間上，外求出世間。

邪見是世間，正見出世間，邪正悉打卻，菩提性宛然。
此但是頓教，亦名為大乘，迷來經累劫，悟則剎那間。」

問題一：《無相頌》中說「邪見是世間，正見出世間，邪正悉打卻，菩提性宛然」，這裡的「邪見」、「正見」、「菩提性」和「宛然」分別是什麼意思？這句話如何說明「極樂淨土」的作用？

禪心解講：「邪見」指的是不符合真理的凡夫見解，也就是一切「罪業、生死輪迴」迷信思想；「正見」指的是符合真理的一切法本性清淨見解，也就是「自性真佛解脫」的境界。「邪正悉打卻」指的是打卻了邪見和正見的對立，就是以「一念堅持自性真佛解脫」的正見立場來觀照造成「罪業、生死輪迴」的邪見世界，這正是超越有生死世界貪、嗔、痴的「淨性於妄中，但正除三障」頓教法門。與自性真佛解脫相應，是淨土，是「菩提性」，也就是一切眾生本具的清淨無染的真心；但定要有邪見的世界才能顯現出其本有的清淨「宛然人間淨土」。這句話可以說明「淨土」的作用，「淨土」正是「行者在有生死的邪見世界中，以自性真佛解脫正見的心性來觀照世界中的一切」的剎那間「打破邪見和正見的對立」的頓教方法，故惠能總結說「此但是頓教，亦名為大乘，迷來經累劫，悟則剎那間」。

大師言：「善知識，汝等盡誦取此偈，依此偈修行，去惠能千里，常在能邊。依此不修，對面千里遠。各各自修，法不相待。眾人且散，惠能歸曹溪山。眾生若有大疑，來彼山間，為汝破疑，同見佛性。」

合座官僚、道俗，禮拜和尚，無不嗟歎：「善哉大悟，昔所未聞。嶺南有福，生佛在此，誰能得知？」一時盡散。

問題一：惠能提到「汝等盡誦取此偈，依此偈修行，去惠能千里，常在能邊。依此不修，對面千里遠」，這是指什麼？為什麼惠能要強調誦取和依此修行？

禪心解講：「此偈」是指《無相頌》，就是惠能用來表達「淨土」不異「頓教」的教義。大師要強調誦取和依此修行，是因為《無相頌》是一種直指本性清淨，立即證得「移西方剎那間，目前便見」的淨土法門，只要能夠熟記並實踐其中的真理，就可以與惠能的印心，不受距離和時間的限制。如果不依此修行，就會與惠能的心性相隔，即使在他的面前，也無法得到他的心印。這句話可以表達的惠能禪「印心」的核心思想，因為「淨土」就是要在自己的自性真佛解脫中，以自己的本性清淨為淨土，不受外在的影響和干擾，而是以《無相頌》為教法，直指本心，不分階段，不受時間和空間的限制，而在一念之間與惠能心心相印，而目前便見淨土。

大師往曹溪山，韶、廣二州行化四十餘年。若論門人，僧之
與俗，約有三五千人，説不可盡。若論宗旨，傳授《壇經》，
以此為依約。若不得《壇經》，即無稟受。須知去處、年月
日、姓名，遞相付囑。無《壇經》稟承，非南宗弟子也。未得
稟承者，雖説頓教法，未知根本，終不免諍。但得法者，只
勸修行。諍是勝負之心，與佛道違背。

**問題一：文中提到「無《壇經》稟承，非南宗弟子也。未得稟
承者，雖説頓教法，未知根本，終不免諍」，這裡的「稟承」
是什麼意思？為什麼惠能要強調《壇經》稟承的重要性？**

禪心解講：「稟承」指的是一種師徒之間的法脈傳承，而惠能禪
的法脈傳承包括兩方面。第一是出世間法的，就是真修實證成
佛，是以《壇經》傳授的頓教法門來確定師徒共證一佛印，是名
「印心」。第二是世間法的，就是文書證據，如今天所謂的畢業
證書，以妨有奸徒混水摸魚以欺世盜名，故是由師父親自頒發
度牒給法脈傳承弟子，並記錄下弟子的姓名、去處、年、月、
日等資料，以示正統和名正言順。故知「法脈」既是一種以佛的
心印代代相傳的法系，而「法脈傳承」必須具有出世間法和世間
法兩方面的明證，故惠能強調以《壇經》頓教之成佛為依據，更
須以師徒的稟承度牒為證據。禪宗作為一個宗教流派，若沒有
《壇經》的稟承就不能算是惠能法脈傳承弟子了。

39

世人盡傳南能北秀，未知根本事由。且秀禪師於南荊府當陽縣玉泉寺住持修行，惠能大師於韶州城東三十五裡曹溪山住。法即一宗，人有南北，因此便立南北。何以漸頓？法即一種，見有遲疾。見遲即漸，見疾即頓。法無漸頓，人有利鈍，故名漸頓。

問題一：文中提到「法即一宗，人有南北，因此便立南北」是何用意？文中又說「法無漸頓，人有利鈍」是什麼意思？

禪心解講：「法」指的是佛教所證的正理，依禪宗的說法就是「一切事物本性清淨」，又說「自性真佛解脫」。「南北」指的是南宗和北宗，《壇經》明白地指出只因神秀在北方的南荊府當陽縣玉泉寺住持，而惠能則在南方的韶州城東三十五裡曹溪山住持，所以才有「南宗」、「北宗」說之建立。所以，絕對不是像很多所謂佛教門外漢和那些欺世盜名的所謂名師之「錯誤知見以為南宗主張頓悟而北宗主張漸悟」。《壇經》明確指出「見自性真佛」為「頓悟」；有些人迷惑深重需要適當地運用文字漸漸地勸導才能讓其接受和認識自己的自性真佛（漸勸）；又有些人智慧明朗可以頓然認識自性是真佛，並能在平常日用中修養自性具足之思想與生活（頓修）。能這樣理解「漸勸」、「頓悟」和「頓修」的關係，就可以深知惠能所說「法即一種（「見自性真佛」是「頓悟」），見有遲疾。見遲即漸（漸勸），見疾即頓（頓修）」才是正確的禪宗知見，《壇經》強調「法無漸頓，人有利鈍」，這才是禪宗對於「漸頓」的正見。

神秀師常見人說惠能法疾，直指見路。秀師遂喚門人僧志誠
曰：「汝聰明多智，汝與吾至曹溪山，到惠能所禮拜，但聽，
莫言吾使汝來。所聽得意旨，記取，卻來與吾說，看惠能見
解與吾誰疾遲。汝第一早來，勿令吾怪。」

志誠奉使歡喜，遂行。半月中間，即至曹溪山，見惠能和尚，
禮拜即聽，不言來處。志誠聞法，言下便悟，即契本心。起
立，即禮拜，白言：「和尚，弟子從玉泉寺來。秀師處不得
契悟，聞和尚說，便契本心。和尚慈悲，願當教示。」

惠能大師曰：「汝從彼來，應是細作。」

志誠曰：「不是。」

六祖曰：「何以不是？」

志誠曰：「未說時即是，說了即不是。」

六祖言：「煩惱即是菩提，亦復如是。」

問題一：為什麼志誠在回答惠能的問題時答道「未說時即是，說了即不是」？這句話如何與惠能的回答「煩惱即是菩提，亦復如是」相呼應？

禪心解講：志誠說「未說時即是，說了即不是」，是因為他坦白說明了自己的來歷後，就已不再是神秀師派來的間諜；並表白了自己因惠能之法語而得到頓悟和印心，就已經是惠能的真弟子了。這句「未說時即是，說了即不是」也與惠能回答的「煩惱即是菩提，亦復如是」相呼應，因為惠能也是用同樣的邏輯來說明，煩惱和菩提本來就是一體，未見自性真佛時心中種種「罣礙、恐怖、顛倒夢想」名「煩惱」，見自性真佛解脫時「心無罣礙、無有恐怖、遠離一切顛倒夢想，究竟涅槃」名「菩提」。「未說時即是，說了即不是」和「煩惱即是菩提，亦復如是」，兩句同樣的都只是看自己的見解和覺悟如何罷了！

41

大師謂志誠曰：「吾聞汝禪師教人，唯傳戒定慧。汝和尚教人戒定慧如何？當為吾說。」

志誠曰：「秀和尚言戒定慧：諸惡不作名為戒，諸善奉行名為慧，自淨其意名為定，此即名為戒定慧。彼作如是說，不知和尚所見如何？」

惠能和尚答曰：「此說不可思議。惠能所見又別。」

志誠問：「何以別？」

惠能答曰：「見有遲疾。」

志誠請和尚說所見戒定慧。

大師言：「汝聽吾說，看吾所見處：心地無非自性戒；心地無亂自性定；心地無癡自性慧。」

惠能大師言：「汝師戒定慧，勸小根智人；吾戒定慧，勸上智人。得悟自性，亦不立戒定慧。」

志誠言：「請大師說不立如何？」

大師言：「自性無非、無亂、無癡，念念般若觀照，常離法相，有何可立？自性頓修，立有漸次，所以不立。」

志誠禮拜，便不離曹溪山，即為門人，不離大師左右。

問題一：「心地無非自性戒；心地無亂自性定；心地無癡自性慧」是什麼意思？這句話如何表達惠能的頓教法？

禪心解講：「心」和「性」同義，同指「第八識」，《楞伽經》稱之為「如來藏藏識」，在禪宗又名「自性」。惠能說「自性能生萬法」，故能為萬法之本（能藏），能生一切諸法（能生）；由於「地」亦有「能藏、能生」之德，故「心」又名「心地」。惠能禪之頓修在於行者念念「見自性真佛」，依心而起行，故名「心地法門」。「見自性真佛」指的是於自修「一念堅持自性真佛解脫」中自證「本性清淨解脫」自成「即佛行是佛」。自修「一念堅持自性真佛解脫」中一切無非，是「自性戒」；自證「本性清淨解脫」中一切無亂，如是安住，是「自性定」；自成「即佛行是佛」，念念般若觀照（一念智般若生，一般若生八萬四千慧），超越一切煩惱和迷惑，是「自性慧」。故知，「戒、定、慧」本來就是自性真佛解脫的顯現，行者須直接一念堅持自性真佛解脫，並做到如惠能所說的「念念般若觀照，常離法相」，方可得證。

42

又有一僧名法達，常誦《妙法蓮華經》七年，心迷不知正法之處。來至漕溪山禮拜，問大師言：「弟子常誦《妙法蓮華經》七年，心迷不知正法之處，經上有疑。大師智慧廣大，願為除疑。」大師言：「法達，法即甚達，汝心不達。經上無疑，汝心自邪，而求正法。吾心正定，即是持經。吾一生已來，不識文字。汝將《法華經》來，對吾讀一遍，吾聞即知。」

法達取經，對大師讀一遍。六祖聞已，即識佛意，便與法達說《法華經》。

六祖言：「法達，《法華經》無多語，七卷盡是譬喻因緣。如來廣說三乘，只為世人根鈍。經文分明，無有餘乘，唯有一佛乘。」

大師：「法達，汝聽一佛乘，莫求二佛乘，迷卻汝性。經中何處是一佛乘？吾與汝說。經云：『諸佛世尊，唯以一大事因緣故，出現於世。』此法如何解？此法如何修？汝聽吾說。人心不思本源空寂、離卻邪見，即一大事因緣。內外不迷，即離兩邊。外迷著相，內迷著空。於相離相，於空離空，即是不迷。若悟此法，一念心開，出現於世。心開何物？開佛知見。佛猶覺也，分為四門：開覺知見，示覺知見，悟覺知見，入覺知見。開、示、悟、入，從一處入，即覺知見，見自本性，即得出世。」

大師言：「法達，吾常願一切世人，心地常自開佛知見，莫開眾生知見。世人心邪，愚迷造惡，自開眾生知見；世人心正，起智慧觀照，自開佛知見。莫開眾生知見，開佛知見，即出世。」

大師言：「法達，此是《法華經》一乘法。向下分三，為迷人故。汝但依一佛乘。」大師言：「法達，心行轉《法華》，不行《法華》轉；心正轉《法華》，心邪《法華》轉；開佛知見轉《法華》，開眾生知見被《法華》轉。」

大師言：「努力依法修行，即是轉經。」

法達一聞，言下大悟，涕淚悲泣，白言：「和尚，實未曾轉《法華》，七年被《法華》轉。已後轉《法華》，念念修行佛行。」

大師言：「即佛行是佛。」

其時聽人，無不悟者。

問題一：惠能說「吾心正定，即是持經」、「吾一生已來，不識文字」的用意是什麼？

禪心解講：根據近代發現新史料，惠能並非不識字，且於面見引忍前已對佛教經典如《金剛經》、《維摩經》、《楞伽經》、《楞嚴經》、《涅槃經》、《法華經》、《梵網經》及《觀無量壽經》都有很深入精到的研究，並常為其義兄劉志略姑母比丘尼無盡藏說《涅槃經》，也曾到樂山縣西山窟跟隨智遠禪師參學，有輝煌的坐禪紀錄。那麼，為什麼惠能要說「吾一生已來，不識文字」這句話呢？是為了指出禪宗「不立文字」的正確學習經法態度。惠能指出法達雖然常誦《妙法蓮華經》，但是一直被文字相所迷惑，而沒有從中真正印證到佛意本質。惠能自述「吾心正定，即是持經」，「心」是「自性真佛解脫」；「正定」是「三昧」，就是「肯定」，又名「一念堅持」；能夠以「一念堅持自性真佛解脫」為立場來研習經教，才能直接體悟佛意，就是「住持經法」的真諦。所以，惠能說「吾心正定，即是持經」、「吾一生已來，不識文字」的用意，是開示大家要以正定（一念堅持自性真佛解脫）的立場來住持經法，不要被文字相所束縛而已。

問題二：如何解釋「諸佛世尊，唯以一大事因緣故，出現於世」這句話？

禪心解講：惠能解釋這句話是「人心不思本源空寂、離卻邪見，即一大事因緣」，所有的佛陀都是為了一件大事，就是讓眾生覺悟自己的本性淨淨，而出現於世。惠能又說「若悟此法，一念心開，出現於世。心開何物？開佛知見。佛猶覺也，分為四門：開覺知見，示覺知見，悟覺知見，入覺知見。開、示、悟、入，從一處入，即覺知見，見自本性，即得出世。」這句話的重心是「開、示、悟、入，從一處入，即覺知見，見自本性，即得出世」，「覺知見」就是如佛之覺醒而知一切法本性清淨、見自己的自性真佛解脫。如果能夠在一念堅持之間做到這，行者自己便證悟自己本來就是佛，因為真佛解脫就是自性，自性就是真佛解脫，沒有任何差別，這就是「見自本性，即得出世」的真義；若念念相續頓修「一念堅持之自性真佛解脫」，就是「即佛行是佛」。

43

時有一僧名智常,來曹溪山禮拜和尚,問四乘法義。智常問
和尚曰:「佛說三乘,又言最上乘。弟子不解,望為教示。」

惠能大師曰:「汝自身心見,莫著外法相。元無四乘法,人
心量四等,法有四乘:見聞讀誦是小乘;悟法解義是中乘;
依法修行是大乘;萬法盡通,萬行俱備,一切不離,但離法
相,作無所得,是最上乘。最上乘是最上行義,不在口諍。
汝須自修,莫問吾也。」

**問題一:惠能說「萬法盡通,萬行俱備,一切不離,但離法
相,作無所得,是最上乘」這句話的意思是什麼?**

禪心解講:惠能說這句話,是為了指出「最上乘」行者,是能夠
通達一切法「本性清淨」的真理,並且完備一切「即佛行是佛」
的功德,能「一切不離」地在日常生活中之一念堅持自性真佛,
能超越一切法相,更能不需執著於任何法門而直接體證自性真
佛解脫,是名「作無所得、無所求」,此生自證成佛,這就是最
上乘的佛行。

44

又有一僧名神會，南陽人也。至曹溪山禮拜，問言：「和尚坐禪，見不見？」

大師起，把打神會三下，卻問神會：「吾打汝，痛不痛？」

神會答言：「亦痛亦不痛。」

六祖言曰：「吾亦見亦不見。」

神會又問大師：「何以亦見亦不見？」

大師言：「吾亦見者，常見自過患，故云亦見；亦不見者，不見天地人過罪，所以亦見亦不見也。汝亦痛亦不痛如何？」

神會答曰：「若不痛，即同無情木石；若痛，即同凡夫，即起於恨。」

大師言：「神會，向前。見不見是兩邊，痛不痛是生滅。汝自性且不見，敢來弄人！」

神會禮拜，更不言。

大師言：「汝心迷不見，問善知識覓路；汝心悟自見，依法修行。汝自迷不見自心，卻來問惠能見否？吾不自知，代汝迷不得。汝若自見，代得吾迷？何不自修，問吾見否？」

神會作禮，便為門人，不離曹溪山中，常在左右。

問題一：惠能為什麼要打神會三下？「見不見是兩邊，痛不痛是生滅」」中「見不見」和「痛不痛」有什麼不同之處？

禪心解講：神會「自性且不見，敢來弄人」，是班門弄斧，故該打。惠能説「見不見是兩邊，痛不痛是生滅」有大道理在，指出「見不見」和「痛不痛」大有不同之處。「痛不痛」是身體覺受，是一種自然生理現象，是關係到痛感現象生起和消失的問題，於痛「生起時有感、消失時無感」才是健康人，故於有痛感並無不妥，所以神會説什麼「若不痛，即同無情木石；若痛，即同凡夫，即起於恨」實在胡説八道。「見不見」則是關係到「見自性真佛」與否，是一種頓修的自內證，是涉及到念念證自性真佛解脱與否的問題，是有否自修自證自成佛道的自身問題，故惠能才説「吾亦見者，常見自過患」；更是一種能否自證「於自性真佛解脱中直接見到一切法本性清淨之真實相」，故惠能又説「亦不見者，不見天地人過罪」，這就是惠能説「亦見亦不見」的大道理。

45

大師遂喚門人法海、志誠、法達、智常、志通、志徹、志道、法珍、法如、神會。

大師言：「汝等十弟子近前。汝等不同餘人。吾滅度後，汝各為一方師。吾教汝說法，不失本宗。舉三科法門，動用三十六對，出沒即離兩邊。說一切法，莫離於性相。若有人問法，出語盡雙，皆取對法，來去相因。究竟二法盡除，更無去處。

「三科法門者：蔭、界、入。蔭是五蔭，界是十八界，入是十二入。何名五蔭？色蔭、受蔭、想蔭、行蔭、識蔭是。何名十八界？六塵、六門、六識。何名十二入？外六塵、中六門。何名六塵？色、聲、香、味、觸、法是。何名六門？眼、耳、鼻、舌、身、意是。

「法性起六識：眼識、耳識、鼻識、舌識、身識、意識；六門、六塵。自性含萬法，名為藏識。思量即轉識。生六識，出六門、六塵，是三六、十八。由自性邪，起十八邪；若自性正，起十八正。若惡用即眾生，善用即佛。用由何等？由自性。」

問題一：惠能這裡所說「自性含萬法，名為藏識。思量即轉識」與之前開示「清淨法身佛」所說之「世人性本自淨，萬法在自性」是何異同？

禪心解講：惠能所説的「自性含萬法，名為藏識。思量即轉識」與前説的「世人性本自淨（自性具足圓滿清淨），萬法在自性」是有異同的。異處在於，前者是從凡夫「識」的角度說明自性的功能，後者是從見自性真佛後「性」的角度說明自性的本質；前者是説明自性如何產生各種識，後者是説明自性具足圓滿清淨故能超越各種識；前者是説明自性如何與萬法相應，後者是説明自性如何超越萬法而證平等不二；前者是説明自性如何隨緣而用，後者是説明自性不受緣的影響。同處在於，「自性含萬法，名為藏識」和「世人性本自淨，萬法在自性」都在指出自性中包含了一切法的種子，是一切法的本源；前者與後者都是指向同一個自性，只是認識自性功能的不同方面，都是實踐自性的不同階段，都是體現自性真佛解脱的不同表現；前者與後者都是為了引導眾生覺悟自性，都是為了展現自性的智慧與慈悲，都是為了達到自性的圓滿與清淨，都是為了實現自性真佛解脱而必要條件。

46

「對外境無情對有五:天與地對,日與月對,暗與明對,陰與陽對,水與火對。

「語言法相對有十二對:有為無為對,有色無色對,有相無相對,有漏無漏對,色與空對,動與靜對,清與濁對,凡與聖對,僧與俗對,老與少對,長與短對,高與下對。

「自性起用對有十九對:邪與正對,癡與慧對,愚與智對,亂與定對,戒與非對,直與曲對,實與虛對,嶮與平對,煩惱與菩提對,慈與害對,喜與瞋對,捨與慳對,進與退對,生與滅對,常與無常對,法身與色身對,化身與報身對,體與用對,性與相對,有情無情對。

「語言法相對有十二對,外境無情有五對,自性起用有十九對,都合成三十六對也。此三十六對法,解用通一切經,出入即離兩邊。如何自性起用三十六對?共人言語,出外於相離相,入內於空離空。著空,即惟長無明;著相,即惟長邪見。謗法:直言『不用文字』。既云『不用文字』,人不合言語,言語即是文字。自性上說空,正語言本性不空。迷自惑,語言除故。暗不自暗,以明故暗;明不自明,以暗故明。以明顯暗,以暗現明,來去相因。三十六對,亦復如是。」

問題一：惠能説「三十六對法，解用通一切經，出入即離兩邊」，是何道理？

禪心解講：「三十六對」，是演説法時的方法論(解用通一切經)，好能讓聞法者了解世間一切事物的相對性而不執著於任何一邊，超越一切對立和分別(出入即離兩邊)以自證一切法「本性清淨」平等而得解脱自在，是名「自性真佛解脱」。「一切事物相對」是「相」，「一切法本性清淨平等」是「性」；「説一切法不離性相」，這是惠能教弟子「解用通一切經」之演説法的心得，更是惠能禪的思想本質。

47

大師言：「十弟子，已後傳法，遞相教授。一卷《壇經》，不失本宗。不稟受《壇經》，非我宗旨。如今得了，遞代流行。得遇《壇經》者，如見吾親授。」

十僧得教授已，寫為《壇經》，遞代流行，得者必當見性。

問題一：為什麼說「不稟受《壇經》，非我宗旨」？

禪心解講：「不稟受《壇經》，非我宗旨」，是說惠能禪「法脈傳承」一事，是指惠能禪宗傳承法脈的一代代的祖師們，透過《壇經》將惠能「頓教」禪法的真義和實踐，以心傳心，以證傳證，以佛傳佛的方式，傳遞下來，不斷地延續和發揚。這是因為《壇經》是惠能親自傳授修行方法和證悟境界之總結和精華，是惠能親自開示的見自性真佛解脫法門和要旨，是他親自證悟的正法眼藏，是他親自示現的無相戒或本性戒，故《壇語》才說：「一卷《壇經》，不失本宗。」只要依照《壇經》的教義修行，可以即身證得惠能的道，故經中又說：「得遇《壇經》者，如見吾（惠能）親授。」《壇經》的這兩段話能夠激發我們的信心和發心，以及自己的修行動力和成就願望。

48

大師先天二年八月三日滅度。七月八日，喚門人告別。

大師先天元年於新州國恩寺造塔，至先天二年七月告別。

大師言：「汝眾近前。吾至八月，欲離世間。汝等有疑早問，為汝破疑，當令迷者盡，使汝安樂。吾若去後，無人教汝。」

法海等眾僧聞已，涕淚悲泣，惟有神會不動，亦不悲泣。

六祖言：「神會小僧，卻得善不善等，毀譽不動，餘者不得。數年山中，更修何道？汝今悲泣，更憂阿誰？憂吾不知去處在？若不知去處，終不別汝。汝等悲泣，即不知吾去處。若知去處，即不悲泣。性無生滅，無去無來。汝等盡坐，吾與汝一偈 ——《真假動靜偈》。汝等盡誦取，見此偈意，與吾同。依此修行，不失宗旨。」

眾僧禮拜，請大師留偈，敬心受持。

偈曰：

一切無有真，不以見於真，若見於真者，是見盡非真。
若能自有真，離假即心真，自心不離假，無真何處真。
有情即解動，無情即不動，若修不動行，同無情不動。
若見真不動，動上有不動，不動是不動，無情無佛種。
能善分別相，第一義不動，若悟作此見，則是真如用。
報諸學道者，努力須用意，莫於大乘門，卻執生死智。
前頭人相應，即共論佛義，若實不相應，合掌禮勸善。
此教本無諍，若諍失道意，執迷諍法門，自性入生死。

問題一：為什麼惠能要在告別前，與眾僧說《真假動靜偈》？這首偈的意義與惠能禪的法脈傳承有何關係？

禪心解講：惠能在告別前與眾弟子説《真假動靜偈》，是因為他要將自己的法脈傳承心印給十大弟子，讓他們能夠依此修行，不失宗旨。惠能開示弟子説「離假即心真」和「動上有不動」，也就是於一念堅持(真心、不動)中超越了一切對待(假、動)的境界；告誡弟子要以「能善分別相，第一義不動」自修自作自性法身，自行佛行；更鼓勵弟子説「若悟作此見，則是真如用。報諸學道者，努力須用意」；以及指出傳教原則「前頭人相應，即共論佛義，若實不相應，合掌禮勸善」。這就是惠能的法脈傳承的核心，也是惠能的遺囑，讓十大弟子能不受生死的束縛，傳承見性成佛的禪宗法脈。

49

眾僧既聞，識大師意，更不敢諍，依法修行。一時禮拜，即知大師不永住世。上座法海向前言：「大師，大師去後，衣法當付何人？」

大師言：「法即付了，汝不須問。吾滅後二十餘年，邪法撩亂，惑我宗旨。有人出來，不惜身命，定佛教是非，豎立宗旨，即是吾正法。衣不合傳。汝不信，吾與誦先代五祖《傳衣付法頌》。若據第一祖達磨頌意，即不合傳衣。聽吾與汝誦。」

頌曰：

第一祖達磨和尚頌曰：

吾本來唐國，傳教救迷情。一花開五葉，結果自然成。

第二祖慧可和尚頌曰：

本來緣有地，從地種花生。當本元無地，花從何處生？

第三祖僧璨和尚頌曰：

花種須因地，地上種花生。花種無生性，於地亦無生。

第四祖道信和尚頌曰：

花種有生性，因地種花生。先緣不和合，一切盡無生。

第五祖弘忍和尚頌曰：

有情來下種，無情花即生。無情又無種，心地亦無生。

第六祖惠能和尚頌曰：

心地含情種，法雨即花生。自悟花情種，菩提果自成。

問題一：應如何解讀第一至第六誦，其對於法脈傳承有何重要性？

禪心解講：從表面來看第一祖達磨和尚頌說「吾本來唐國，傳教救迷情。一花開五葉，結果自然成」，一般的解讀為達磨預言他的法脈從自己開始，傳到第六代的惠能，才真正結出紮實果實，遍地開花。但是其實這並非惠能「創作」並說出此六誦的目的，惠能說「一花開五葉，結果自然成」是清楚明白道出法脈傳承「代代相傳法」之心印透過五頌「第二至第六頌」送給弟子。所以，禪宗的成佛心印自然就含藏在以下五頌中：

- 第二祖慧可和尚頌：「本來緣有地，從地種花生。當本元無地，花從何處生？」「花」象徵成佛，就是花開證佛。「地」是心地，為萬法之本，能生一切諸法，又名「自性」。「從地種花生」，是說成佛從自性中來。

- 第三祖僧璨和尚頌：「花種須因地，地上種花生。花種無生性，於地亦無生。」「花種」，象徵佛種性，也就是「自性真佛」，花種之「生性」，是自性真佛「能生」成佛的解脫自在境界，也就是「自性真佛解脫」了。

- 第四祖道信和尚頌：「花種有生性，因地種花生。先緣不和合，一切盡無生。」花的生長是否單靠花種的生性？花種是有生性，但花的生長不是只依靠花種的生性，還需要其他條件因素如陽光、空氣、水份等的配合。我們必須要有世間的思想和生活，才能成就自性真佛解脫的境界，故惠能上文也說「法原在世間，於世出世間，勿離世間上，外求出世間」。

- 第五祖弘忍和尚頌：「有情來下種，無情花即生。無情又無種，心地亦無生。」「有情」是佛在世間「與眾生同一苦」的心念，「無情」是一念堅持中顯現一切法本性清淨平等的花開證佛的頓悟境界，這頌是開示禪宗必須有在世間思想與生活中頓修的方便。「無情又無種，心地亦無生」，指出若執於本性清淨卻厭離娑婆世界，即無能生起「即佛行是佛」之自證佛道境界。

• 第六祖惠能和尚頌曰：「心地含情種，法雨即花生。自悟花情種，菩提果自成。」這是一首美妙的頌子，其中的「花生」指的是「成佛」的境界。這首頌子的意思，說破了就是「多情乃佛心」和「佛在世間覺」，惠能就是在世間一切人生苦樂裡、在禪的思想與生活的體現裡得大自在。「諦觀法王法，法王法如是」，惠能此頌已把法脈傳承心印的秘密公開了，它更是惠能證道的心。但願大家有緣得遇惠能此頌者，都能「識此心，見此心，得此心，捉此心」，自證菩提果、自成佛道！

50

能大師言：「汝等聽吾作二頌，取達磨和尚頌意。汝迷人依此頌修行，必當見性。

第一頌曰：

心地邪花放，五葉逐根隨。共造無明業，見被業風吹。

第二頌曰：

心地正花放，五葉逐根隨。共修般若慧，當來佛菩提。」

六祖說偈已了，放眾人散。門人出外思惟，即知大師不久住世。

問題一：以上兩偈，第一偈説「邪」，第二偈説「正」，何謂「邪」？何謂「正」？

禪心解講：「邪」是指違背「自性真佛解脱」的真理，並執著於「罪業、生死輪迴」思想，造成「罣礙、恐怖、顛倒夢想」。「正」是指一念堅持「自性真佛解脱」的真理，並放下「罪業、生死輪迴」思想，故「心無罣礙、無有恐怖、遠離一切顛倒夢想」，自然「度一切苦厄」，成就「究竟涅槃」的佛解脱。惠能二偈中皆説「五葉逐根隨」。若在違背「自性真佛解脱」的真理時，「五葉」就是「色、受、想、行、識」，又名「五蘊」，「五蘊」無非「我執」；而在一念堅持「自性真佛解脱」的真理時，令「五蘊」頓成為惠能與歷代祖師諸佛如來所共證之「五智」，直接證悟到一切法本性清淨。

51

六祖後至八月三日，食後，大師言：「汝等著位坐，吾今共汝等別。」

法海問言：「此頓教法傳授，從上以來，至今幾代？」

六祖言：「初傳授七佛，釋迦牟尼佛第七，大迦葉第八，阿難第九，末田地第十，商那和修第十一，優婆鞠多第十二，提多迦第十三，佛陀難提第十四，佛陀蜜多第十五，（左月右㚖）比丘第十六，富那奢第十七，馬鳴第十八，毗羅長者第十九，龍樹第二十，迦那提婆第二十一，羅？（左日右侯）羅第二十二，僧迦那提第二十三，僧迦耶舍第二十四，鳩摩羅馱第二十五，闍耶多第二十六，婆修盤多第二十七，摩拏羅第二十八，鶴勒那第二十九，師子比丘第三十，舍那婆斯第三十一，優婆堀第三十二，僧伽羅第三十三，婆須蜜多第三十四，南天竺國王子第三太子菩提達摩第三十五，唐國僧慧可第三十六，僧璨第三十七，道信第三十八，弘忍第三十九，惠能自身當今受法第四十。」

大師言：「今日已後，遞相傳受，須有依約，莫失宗旨。」

問題一：「今日已後，遞相傳受，須有依約，莫失宗旨」這句話的意思是什麼？

禪心解講：這句話的意思是，從今天開始，惠能的頓教法門要由他的弟子們相互傳授，但必須有一個依據，就是不要違背「頓教法傳授，從上以來，惠能自身當今受法第四十」的教義和宗旨。惠能這樣說，是因為頓教法門是「見自性真佛」的法門，與佛教其他各宗的的法門有很大的不同，所以要求所有的法脈傳人，要有依約，莫失宗旨。

52

法海又白：「大師今去，留付何法？令後代人如何見佛？」

六祖言：「汝聽，後代迷人，但識眾生，即能見佛；若不識眾生，覓佛萬劫不得見也。吾今教汝識眾生見佛，更留《見真佛解脫頌》。迷即不見佛，悟者即見。」

法海願聞，代代流傳，世世不絕。六祖言：「汝聽，吾與汝說。後代世人，若欲覓佛，但識眾生，即能識佛，即緣有眾生，離眾生無佛心。

迷即佛眾生，悟即眾生佛。
愚癡佛眾生，智慧眾生佛。
心嶮佛眾生，平等眾生佛。
一生心若嶮，佛在眾生中。
一念悟若平，即眾生自佛。
我心自有佛，自佛是真佛。
自若無佛心，向何處求佛？」

問題一：惠能所說的「後代迷人」，是指什麼樣的迷惑？

禪心解講：惠能所說的「後代迷人」，是指後世的人們因為不信自己的自性真佛解脫，執著於罪業、生死輪迴等無明思想，造成貪瞋癡等煩惱苦。要解除此迷惑，必須頓悟惠能所教的《見真佛解脫頌》的心印，即是要從眾生的無明思想中回歸到一念堅持自性真佛解脫，識破罪業、生死輪迴等虛妄，見證自性具足的真實。

問題二：惠能所說的「識眾生見佛」，是如何識眾生的？是如何見佛的？

禪心解講：惠能說「識眾生見佛」，是要用一念堅持自己的自性真佛解脫來觀察自心內有眾生無邊，都是本性清淨的；用自性真佛解脫，來洞察和體會自心內一切眾生，從而顯現出不同的相貌，自心內一切眾生和自性真佛解脫，不再有二。能夠識破自心內眾生的虛妄，見到其真實唯有自性真佛解脫，便不再有佛和眾生的二分了。

問題三：「我心自有佛，自佛是真佛」是如何理解的？如何實踐的？

禪心解講：「我心自有佛，自佛是真佛」是《見真佛解脫頌》的印心名言，開示弟子們每個人去肯定自性真佛(心，又名自性)，只要念念相續肯定自性真佛，自能在此生證得解脫，這自佛真佛解脫才是真正的成佛，才有資格傳承惠能禪宗法脈。實踐「我心自有佛，自佛是真佛」的境界，第一，要有堅定的信心，相信自性真佛解脫；第二，要得遇善知識傳授《壇經》，故惠能才說「一本《壇經》，不失本宗」，學習《壇經》的教義和方法，就是尊重法脈傳承；第三，要選擇「一念智」，就是「頓悟(一念堅持)」自性真佛解脫；第四，要念念相續修養「一念智」，將自心內眾生與自性真佛解脫於一念堅持中合一，體驗「生八萬四千慧以消除八萬四千煩惱」；第五，要將「一念智，生百萬四千慧」的修行成果應用於日常生活中，即以禪的思想和生活來面對自己和他人，以平等的慈悲和智慧來行佛行，傳承法脈以利益一切眾生，實現自他共悟的目標。這就是「我心自有佛，自佛是真佛」的理解和實踐，也是惠能「禪的思想與生活本質」和「禪的行佛行精髓」。

53

大師言:「汝等門人好住,吾留一頌,名《自性真佛解脫頌》。後代迷人聞此頌意,即見自心自性真佛。與汝此頌,吾共汝別。」

頌曰:

真如淨性是真佛,邪見三毒是真魔。
邪見之人魔在舍,正見之人佛即過。
性中邪見三毒生,即是魔王來住舍。
正見忽除三毒心,魔變成佛真無假。
化身報身及法身,三身元本是一身。
若向身中覓自見,即是成佛菩提因。
本從化身生淨性,淨性常在化身中。
性使化身行正道,當來圓滿真無窮。
淫性本是淨性因,除淫即無淨性身。
性中但自離五欲,見性剎那即是真。

今生若悟頓教門，悟即眼前見世尊。
若欲修行求覓佛，不知何處欲覓真。
若能身中自有真，有真即是成佛因。
自不求真外覓佛，去覓總是大癡人。
頓教法者是西流，救度世人須自修。
今報世間學道者，不於此見大悠悠。

大師說偈已了，遂告門人曰：「汝等好住，今共汝別。吾去已後，莫作世情悲泣而受人吊問、錢帛，著孝衣，即非聖法，非我弟子。如吾在日一種。一時端坐，但無動無靜，無生無滅，無去無來，無是無非，無往，坦然寂靜，即是大道。吾去已後，但依法修行，共吾在日一種。吾若在世，汝違教法，吾住無益。」大師云此語已，夜至三更，奄然遷化。大師春秋七十有六。

問題一：《自性真佛解脫頌》作為惠能之「臨終語」，惠能是如何重伸成佛的心印？

禪心解講： 惠能先開示「自性真佛解脫」，先指出「真如淨性」，就是自性能生之一切法本性都是清淨無染的，這是真如的境界。若未能一念堅持自性真佛解脫，貪、瞋、癡三毒會顯現成「罣礙（情緒）、恐怖（心不安住）、顛倒夢想（邪見）」，是名「邪見三毒」，這就是眾生迷惑的根源，故惠能開示弟子必須一念堅持自性真佛解脫，念念頓修自己的真如淨性，並且斷除邪見三毒，自能見性成佛。《自性真佛解脫頌》繼而重伸「化身報身及法身，三身元本是一身」之三身佛大意以及它們與自己「一身」的關係，這也涉及禪修之方法。「化身」是指「從法身思量（一念堅持）」方便法門，故大乘佛教經典才創造了阿彌陀佛、藥師師、觀自在菩薩等各種高尚人格、本願力之擬人化，好作為禪的思想之本質，惠能說「思量即轉識（成智）」、「思量，即是自化」、「慈悲化為菩薩，智慧化為上界」；「法身」，惠能稱之為「清淨法身佛」，又說「世人性自本淨，萬法在自性」、「是一切法在自性，名為清淨法身」；「報身」，惠用說「念念善（念念從法身思量），即是報身」，惠能開示禪必須有在世間思想與生活中頓修的方便；惠能就是用此身（一身）在世間之一切人生苦樂裡修養禪的思想與生活，體現自性真佛解脫的光輝，此身得大自在。《自性真佛解脫頌》最後以「今生若悟頓教門，悟即眼前見世尊」告戒弟子，佛道只能夠走這一生以此身去自證自成，這與其他佛教各派錯誤以為此生不能成佛的「罪業、生死輪迴」迷信觀點有着根本上的不同。禪宗弟子在這一生中自修自證頓教法，於念念善中能立刻見證到自性真佛解脫，就能念念都頓然成佛了。

54

大師滅度之日，寺內異香氳氳，數日不散。山崩地動，林木變白，日月無光，風雲失色。八月三日滅度，至十一月，迎和尚神座於曹溪山，葬在龍龕之內。白光出現，直上衝天，三日始散。

韶州刺史韋璩立碑，至今供養。

問題一：《壇經》的最後一章，記載了惠能圓寂的奇異現象，這段文字有何用意？

禪心解講：所謂的「奇異現象」，就是不合常理，既然不合常理，就不要迷信。「法海」既然是象徵性，則種種奇異現象也只能是象徵性，所謂「大師滅度之日，寺內異香氳氳，數日不散」是一種對於惠能所證的道不滅的讚歎和象徵；所謂「山崩地動，林木變白，日月無光，風雲失色」是表達了惠能的禪宗是一種超脫性，超越了一切的現象。

55

此《壇經》，法海上座集。上座無常，付同學道際；道際無常，付門人悟真。悟真在嶺南曹溪山法興寺，現今傳授此法。

問題一：法海上座是誰？《壇經》是誰集結的？

禪心解講：可能沒有「法海」這個人，它應只是一個象徵性。「法海」象徵百川滙海，其用意是説明「《壇經》禪法，如百川滙海」。大家且聽吾説。自菩提達摩入中國，成為中國禪宗初祖，後經慧可、僧璨等至六祖惠能。惠能把原來繁鎖而複雜的印度禪，「一變」而成為簡約的「中國禪」，如百川滙海，是中國佛教史上是至關重要的大事。這「中國禪」變革，是一場偉大的宗教革命，其革命家就是惠能（638–713年），而這一場革命的實行家及弘揚者，則是惠能的傳法弟子神會（668–762年）。神會在惠能圓寂後，一直宣揚惠能才是達摩以來的禪宗正統，而北宗的神秀和其傳法弟子普寂國師都是偏離了達摩的真意。在公元732年（開元二十年），神會在河南滑台的大雲寺舉辦了一場無遮大會，目的是要宣揚南宗禪的頓悟教義，當時北宗禪的支持者向神會提出了一些難題，試圖挑戰南宗禪的合理性，皆被神會一一駁回。神會的言論引起了北宗禪徒的不滿和仇恨，並政治恐嚇神會説他如此非難普寂就不怕生命危險嗎？神會則據理力爭堅持

自己的立場，並説：「為了辨別是非、決定宗旨、弘揚大乘、建立正法，那能顧惜生命？」之後，神會被御史盧奕誣告為叛逆之徒，被唐玄宗貶謫到江西弋陽郡，後來又被轉移到湖北武當郡、襄州和荊州等地。到了天寶十四年(755)安祿山叛亂爆發，唐玄宗逃往成都，副元帥郭子儀率軍討伐叛軍，但缺乏軍餉，於是下令全國各地設立戒壇度僧，以度牒所得之金錢作為軍費。神會被請到洛陽主持度僧工作，並將所有收入捐獻給抗敵之用，所以在肅宗即位後，封神會為國師，並賜給他荷澤寺作為住處。獲得政治地位，神會所弘揚的南宗禪宗旨才得到後來了廣泛的傳播和發展，成為了中國禪宗的主流。上元元年(762)，神會圓寂於荷澤寺，享年九十五歲。神會是真正的南宗禪奠基者和開創者，更有歷史學家考據支持他才是唐朝《六祖壇經》的真正集結及推廣者，故神會堪稱中國禪宗繼惠能後最重要的人物。

56

如付此法，須得上根智，深信佛法，立於大悲。持此經以為稟承，於今不絕。

問題一：為什麼要求修持《壇經》的人要有「上根智」？什麼是「上根智」？

禪心解講：「上根智」者是指一聞惠能《壇經》禪法即能相信「自性真佛解脫」並能自修自證自成佛道，因為《壇經》就是惠能把原來繁鎖而複雜的印度禪一變而成為簡約的中國禪，根本是能夠輕易理解、能夠一聞法即入佛道的。然而能「一聞惠能《壇經》禪法即能相信並能自修自證自成佛道」者，這種人是非常罕見的，故名「上根智」。

57

和尚本是韶州曲江縣人也。

如來入涅盤，法教流東土，共傳無住法，即我心無住。
此真菩薩説，真實示行喻，唯教大智人，示旨於凡度。

誓願修行，遭難不退，遇苦能忍，福德深厚，方授此法。如
根性不堪，材量不得，雖求此法，違立不得者，不得妄付《壇
經》。告諸同道者，令知密意。

問題一：為什麼惠能要求修持《壇經》的人要有「誓願修行，遭難不退，遇苦能忍，福德深厚」的條件？

禪心解講：惠能要求修持《壇經》的人要有「誓願修行，遭難不
退，遇苦能忍，福德深厚」的條件，是因為惠能的道是一種「唯
求作佛」傳承法脈的「即佛行是佛」之道，所以必須告戒未來法
脈傳承人不得隨意傳授《壇經》，對傳法人要有嚴格的資格和
條件。《壇經》的教法是一種頓教，要求傳人一念堅持「自性真
佛解脱」並要能夠修行使之念念相續，這種修法需要行者有「唯
求作佛」誓願心，才能夠在日常修養禪的思想與生活，為了自
證自悟佛道而不惜一切行佛行，縱使面對一切的困難和障礙而
不動搖，能夠安忍一切的苦難和痛苦，故説「遭難不退，遇苦

能忍」；更是要有純淨的佛行和功德，要能夠積累自己和他人的福報和智慧，故說「福德深厚」。因此，修持《壇經》的禪宗傳人要有「誓願修行，遭難不退，遇苦能忍，福德深厚」的條件，才能夠修得《壇經》的頓教法，並且能夠利益自己和他人。

《南宗頓教最上大乘壇經》一卷終

附錄：
敦煌寫本《壇經》原本
——倫敦大英圖書館藏書五四七號冊子

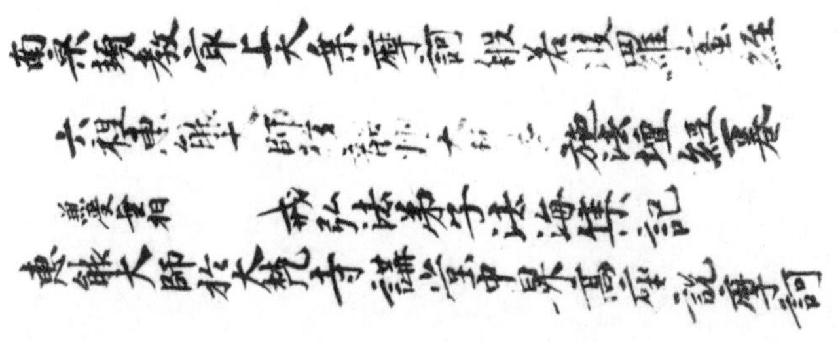

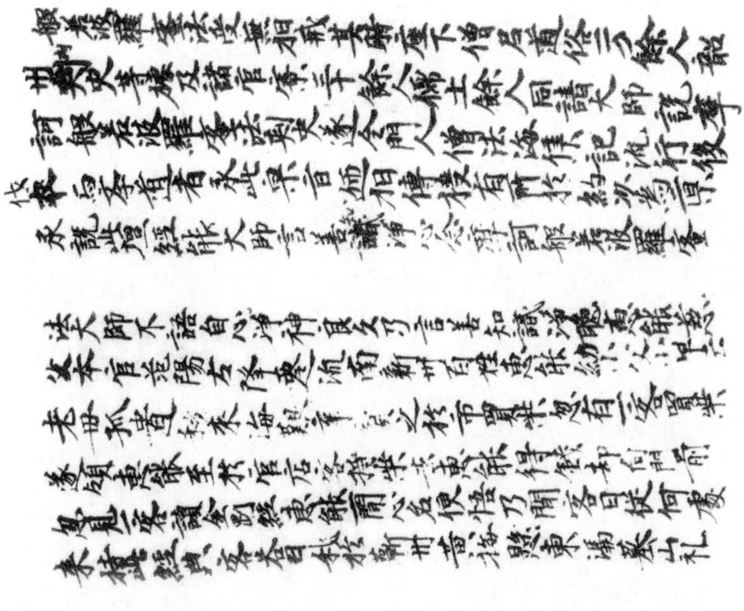

拜五祖弘忍和尚見今在彼門人有千餘衆我於彼聽見大師
勸道俗但持金剛經一卷即得見性直了成佛惠能聞說宿
業有緣便即辭親往黃梅馮墓山礼拜五祖弘々忍々和々
尚々問惠能曰汝何方人來此山礼拜吾汝今向吾邊復
求何物惠能答曰弟子是領南人新州百姓今故遠來
礼拜和尚不求餘物唯求佛法作大師遂責惠能曰汝
是領南人又是獦獠若為堪作佛惠能答曰人即有南
北佛性即無南北獦獠身與和尚不同佛性有何差別
大師欲更共議見左右在傍邊大師更不言遂發遣惠
能令隨衆作務時有一行者遂差惠能於碓坊踏碓八
個餘月五祖忽於一日喚門人盡來門人集記五祖曰吾
向汝說世人生死事大汝等門人終日供養只求福田

不求出離生死苦海汝等自姓迷福門何可救汝汝惣
且歸房自看有知惠者自取本姓般若知之各作一偈
呈吾々看汝偈若吾大意者付汝衣法稟為六代火
急々門人得處分却來各至自房遞相謂言我等不須呈
心用意作偈將呈和尚神秀上座是教授師秀上座
得法後自可於止諸不用作諸人息心盡不敢呈偈時
大師堂前有三間房廊於此廊下供養欲畫楞伽變并
畫五祖大師傳授衣法流行後代為記畫人盧玲看壁
了明日下手上座神秀思惟諸人不呈心偈緣我為教授
師我若不呈心偈五祖如何得見我心中見解深淺我
將心偈上五祖呈意即善求法覓祖不善却同凡
心奪其聖位若不呈心偈終不得法良久思惟甚難々

甚〻難〻，夜至三更不令人見，遂向南廊下中間
壁上題作呈心偈，欲求於法。若五祖見偈，言此偈語
若訪覓我，我宿業障重，不合得法。聖意難測，我
心自息。秀上座三更於南廊下中間壁上秉燭題
作偈，人盡不知。偈曰：
身是菩提樹，心如明鏡臺，時時勤佛拭，莫使有塵埃。
神秀上座題此偈畢，歸房臥，並無人見。五祖平旦遂換
盧供奉來南廊下畫楞伽變。五祖忽見此偈，請記，乃謂
供奉曰：弘忍與供奉錢三十千，深勞遠來，不畫變相
也。金剛經云：凡所有相，皆是虛妄。不如流此偈，令迷人誦，
依此修行，不墮三惡；依法修行，人有大利益。大師遂喚門
人盡來焚香偈前，人眾人見，皆生敬心。汝等盡誦此

偈者，方得見性，於此修行，即不墮落。門人盡誦，皆生
敬心，喚言善哉。五祖遂喚秀上座於堂內門，是汝作
偈否？若是汝作，應得我法。秀上座言：罪過，實是神
秀作，不敢求祖，願和尚慈悲，看弟子有小智惠識
大意否？五祖曰：汝作此偈，見即來到，只到門前，尚未得
入。凡夫於此偈修行，即不墮落。作此見解，若覓無上
菩提，即未可得。須入得門，見自本性。汝且去，一兩日來思
惟，更作一偈來呈吾。若入得門，見自本性，當付汝衣法。秀
上座去數日，作不得。有一童子於碓坊邊過，唱誦此
偈。惠能一聞，知未見性，即識大意。能問童子：適來誦
者是何言偈？童子答能曰：你不知大師言生死是大，
欲傳於法，令門人等各作一偈來呈看，悟大意即

先是三品將軍性行麁惡直至嶺上來趁把著惠
能即還法衣又不肯取我故遠來求法不要其衣
能於嶺上便傳法惠順惠順得聞言下心開能使惠
順即却向北化人來惠能來衣此地所諸官寮
道俗亦有累劫之因教是先性所傳不是惠能自
知願聞先性教者各須淨心聞了願自除迷於先
代悟 惠能大師喚言善知識菩提般若之知世人本
自有之即緣心迷不能自悟須求大善知識示道見性
善知識遇悟即成智善知識我此法門以定惠為本
第一勿迷言惠定別定惠體一不二即定是惠體即惠
是定用即惠之時定在惠即定之時惠在定善知識
此義即是惠等學道之人作意莫言先定發

惠先惠發定定惠各別作此見者法有二相口說善
心不善惠定不等心口俱善內外一眾種定惠即等自悟
修行不在口諍若諍先後即是人不斷勝負却生法
我不離四相 一行三昧者於一切時中行住坐臥常真
真心是淨名經云真心是道場真心是淨土莫心行
諂典口說法直口說一行三昧不行真心非佛弟子但
行真心於一切法元上有執著名一行三昧迷人著法相執
一行三昧真心坐不動除妄不起心即是一行三昧若如
是此法同無情却是障道因緣道順通流何以却滯
心住在即通流住即被縛若坐不動是維摩詰不合
呵舍利弗宴坐林中善知識又見有人教人坐看心
看淨不動不起從此置功迷人不悟便執成

顛即有數百盤如此教道者故之大錯善知識定
惠猶如何等如燈光有燈即有光无燈即无光燈是
光知體光是燈之用即有二體无兩般此定惠法亦復
如是善知識法无頓漸人有利鈍明即漸勸悟人頓
修識自本是見本性悟即元无差別不悟即長劫
輸迴善知識我自法門從上已來頓漸皆立无念
无宗无相无體无住无為本何明為相无相於相而離
相无念者於念而不念无住者為人本性念念不住前念
念念後念念念相讀无有斷絕若一念斷絕法身即是離
色身念念時中於一切法上无住一念若住念念即住名繫縛
於一切法上念念不住即无縛也以无住為本善知識外
離一切相是无相但能離相性體清淨是是以无相

為體於一切鏡上不染名為无念於自念上離鏡不不於
法上念生莫百物不思念盡除却一念斷即无別處受
生學道者用心莫不息法意自錯尚可更勸他人迷
不自見迷又謗經法是以立无念為宗即緣迷人於鏡
上有念念上便去邪見一切塵勞妄念從此而生然此教
門立无念為宗世人離見不起於念若无有念无念亦
不立无者无何事念者何物无者離二相諸塵勞真
如是念之體念是真如之用性起念雖即見聞覺之不染
万鏡而常自在維摩經云外能善分別諸法相內於第
一義而不動善諸識此法門中座禪元不著心亦不著
淨亦不言動若言看心心元是妄妄如幻故无所看
也若言看淨人性本淨為妄念故蓋覆真如離妄

念本性淨不見自性本淨心起看淨却生淨妄妄无處所故
知看者看却是妄也淨无形相却立淨相言是功夫作此見
者障自本性却被淨縛若不動者見一切人過患是性
不動迷人自身不動開口即說人是非与道違背看心
看淨却是障道因緣今記汝是此法門中何名坐禪
此法門中一切无㝵外於一切境界上念不去為坐見本性
不乱為禪何名為禪定外離相曰禪内不乱曰定外若有
相内性不乱本自淨自定只緣境觸觸即乱離相不
乱即定外離相即禪内不乱即定外禪内定故名
禪定維摩經云即是豁然還得本心菩薩戒云本須自
性清淨善知識見自性自淨自修自作自性法身自行
佛行自作自成佛道善知識惣須自体与受无

相戒一時逐惠能口道令善知識見自三身佛於自色身
歸衣清淨法身佛於自色身歸衣千百億化身佛於自色
身歸衣當來圓滿報身佛已上三唱色身是舍宅不可言歸向者
三身在自法性世人盡有為名不見外覔三如來不見自色身中
三性佛善知識聽汝善知識說令善知識衣自色身見自
法性有三世佛此三身佛從性上生何名清淨身佛善知識
世人性本自淨万法在自性思量一切事即行衣惡思量
一切善事便修於善行知如是一切法盡在自性自性常清
淨日月常名只為雲覆蓋上名下暗不能了見日月西辰忽
遇惠風吹散卷盡雲霧万像参羅一時皆現世人性淨
猶如清天惠如日智如月智惠常名於外看敬妄念浮雲蓋覆
自性不能明故遇善知識開真法吹却名妄内外名徹於
自性中万法皆見一切法自在性名為清淨法身自歸衣者
除不善行是名歸衣何名為千百億化身佛不思量性

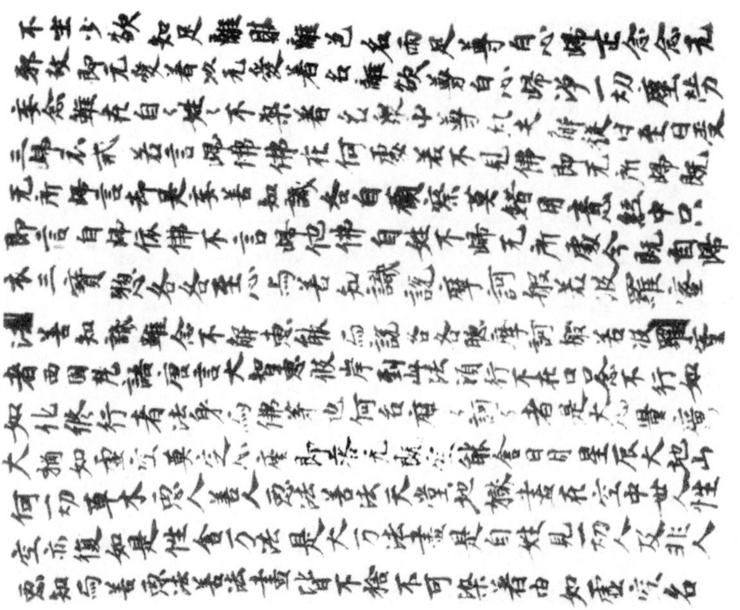

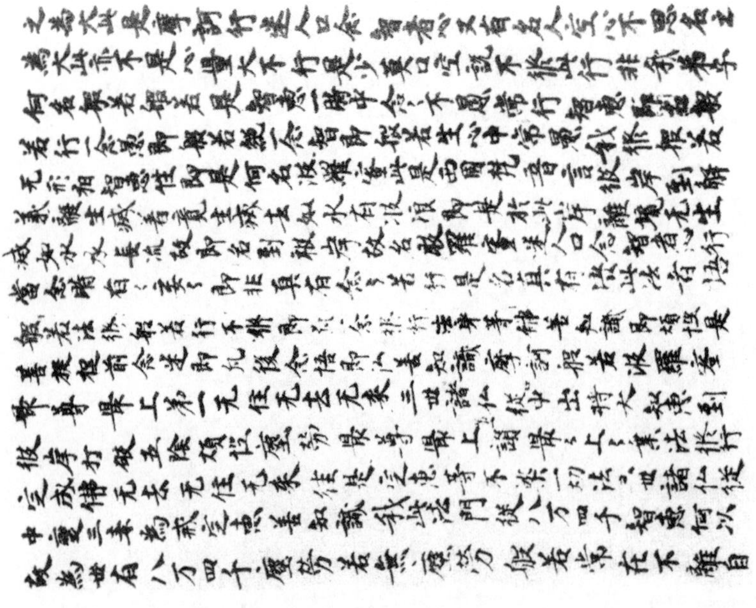

姓悟此法者即是无念无億无著莫去誑妄即自是真如姓
用知惠觀照於一切法不取不捨即見姓成仏道善知識若
欲入甚深法界入般若三昧者直修般若波羅蜜行但持
金剛般若波羅蜜經一巻即得見性入般若三昧當
知此人功德无量經中分明讚嘆不能具說此是最上乘法
為大智上根人說少根智人若聞法心不生信何以故譬如大龍
若下大雨雨衣閻浮提如漂草葉若下大雨雨放大海
不增不減若大乘者聞說金剛經心開悟解故知本性
自有般若之智自用知惠觀照不假文字譬如其雨水
不從無有元是龍王於江海中將身引此水令一切衆生
一切草木一切有情无情悉皆像潤諸水衆流却入大海
海納衆水合為一體衆生本性般若之智亦復如是少
根之人聞說此頓教猶如大地草木根性自小者若被大雨
一沃悉皆自到不能增長少根之人亦復如是有般若

之智之與大智之人亦无差別因何聞法即不悟緣邪見障
重煩惱根深猶如大雲蓋覆於日不得風吹日無能現般若
之智亦无大小為一切衆生自有迷心外修覓仏未悟自性即是
小根人聞其頓教不信外修但於自心令自本性常起正見煩
惱塵勞衆生當時盡悟猶如大海納於衆流小水大水合為一體
即是見性內外不住來去自由能除執心通達无㝵心修此行即
與般若波羅蜜經本无差別一切經書及文字小大二乘十二部經
皆因人置因智惠性故故然能建立我若無智人一切万法本元
不有故知万法本從人興一切經書因人說有緣在人中有愚有智
愚為小故智為大人問迷人於智者智人與愚人說法令使愚者
悟解深開迷人若悟解心開與大智人无別故知不悟即佛是衆
生一念若悟即衆生是仏故知一切万法盡在自身中何不
從自心頓現真如本姓菩薩戒云經我本元自姓清淨識心見
性自成佛道即時豁然還得本心善知識我於忍和尚處
一聞言下大伍頓見真如本性是故汝教法流行後代令學道
者頓悟菩提各自觀心令自本性頓悟若能自悟者須覓

大善知識亦道見性何名大善知識解最上乘法直是正路是大善知識是大因緣所為化道令得見佛一切善法皆因大善知識能發起故三世諸佛十二部經亦在人性中本自具有不能自性悟須得善知識亦道見性若自悟者不假外善知識若取外求善知識望得解說无有是處識自心內善知識即得解若自心邪迷妄念顛倒外善知識即有教授汝若不得自悟當起般若觀照剎那間妄念俱滅即是自真正善知識一悟即知佛也自性心地以智惠觀照內外名徹識自本心若識本心即是解脫既得解脫即是般若三昧悟般若三昧即是无念何名无念无念法者見一切法不著一切法遍一切處不著一切處常淨自性使六賊從六門走出於六塵中不離不染來去自由即是般若三昧自在解脫名无念行莫百物不思當令念絕即是法傳即名邊見悟无念法者万法

盡通悟无念法者見諸佛境界悟无念頓法者至佛位地善知識後代得悟法者常見吾法身不離汝左右善知識將此頓教法門同見同行發願受持如是佛故終身受持而不退者欲入聖位然須傳受從上已來嘿然而付於法發大誓願不退菩提即須分付若不同見解无有志願在在處處勿妄宣傳損彼前人究竟无益若愚人不解謗此法門百劫万劫千生斷佛種性大師言善知識聽悟說无相頌令汝迷者罪滅亦名滅罪頌曰

愚人修福不修道　謂言修福而是道　布施供養福无邊　心中三業元來在
若將修福欲滅罪　後世得福罪无造　若解向心除罪緣　各自世中真懺悔
若悟大乘真懺悔　除邪行正即无罪　學道之人能自觀　即與悟人同一例
大師令傳此頓教　願學之人同一躰　若欲當來覓本身　三毒惡緣心中洗

切力怖達頂禮，遠然達座座依，乘遇大將諸法，慶請合掌索

大師託諸一事使具真實僧俗道情學得普名未前俄便札

稟自言和尚諸法者真不思議每子恕每便都財望衰和

尚大慈大悲為弟子說大師言各謹聽門何須弟見說蓮香

不之便西國五祖禪度廢慮悟即求京有大師言是皆弟見說蓮香

大師伏謀武諸問阿達摩遷度生不法先口作祐供養何

有來審此言武帝希師有不識正法使設阿何沅无切德和尚言

大師言武帝希施供養見性功不可將福以為功德功德在

處言和尚功施自法性有切德平等是德德仁念切德在法身非

座禮一作福自德即自无切德自性虛妄法身无切

慕念念身即自作身即德切自心作福與切德別武自供

德見主見不識自性非祖大師有遇使君禮拜之間名言諸世尊

德主令問禮身是理念會劣是念代化鎮文升悉不遠只為下根

託近論主只緣上智人自句自意慧主悟祖悟善自淨其心所此言佛随

其心淨則佛土淨使君東方但淨无罪次言佛随

西方去武不遠心起不淨之心念佛往生難到除惡即

行十方无八邪即過八千但行身淨即身如彈指便覩

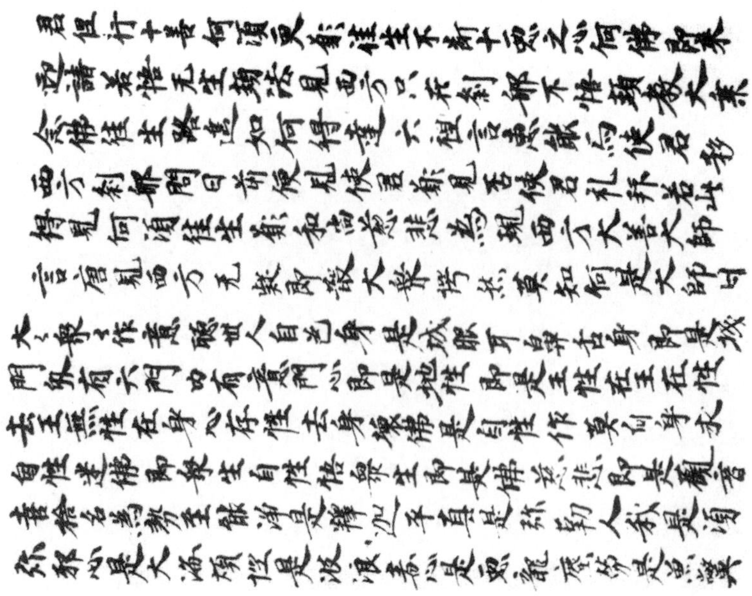

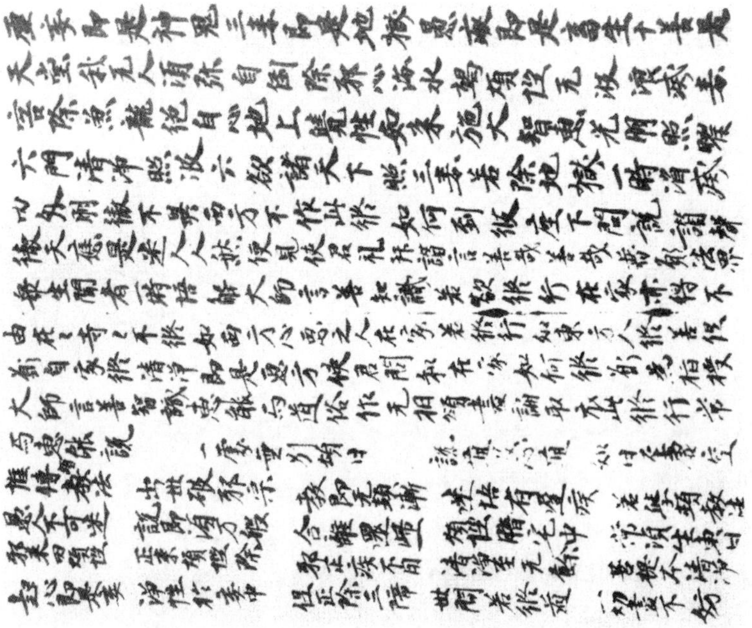

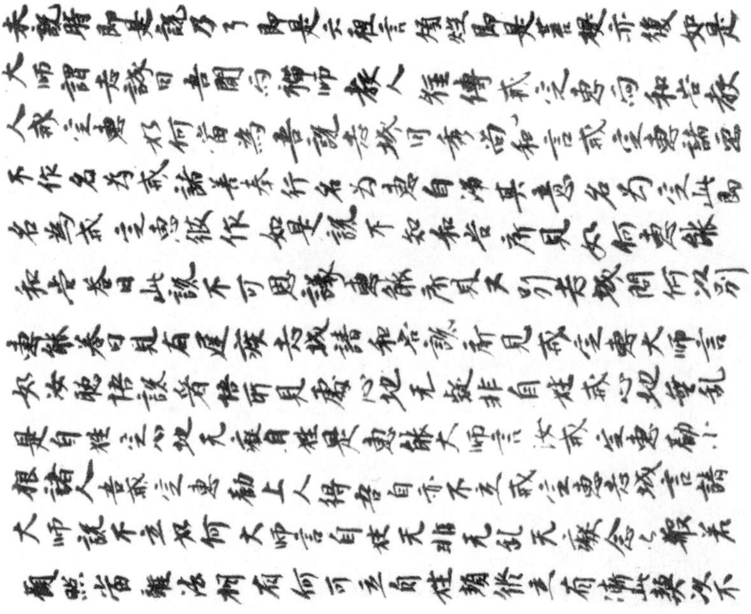

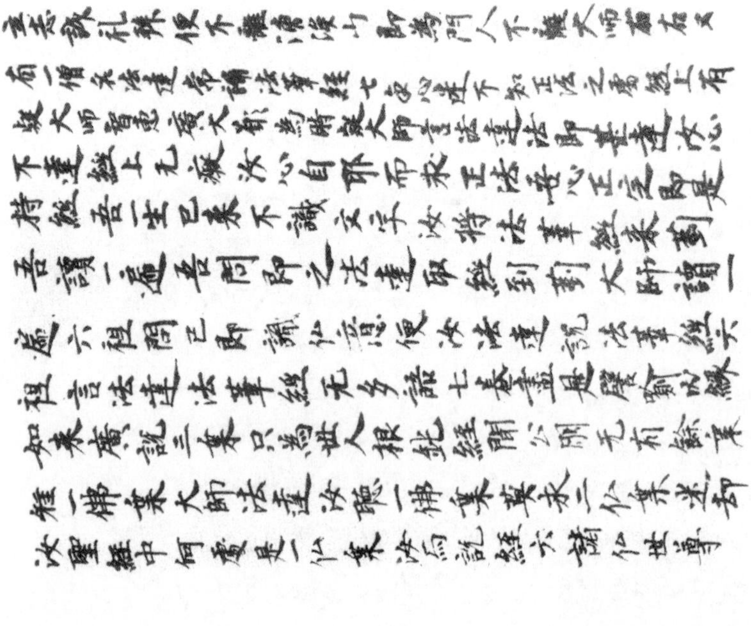

雖汝一大事因緣故出現於世已上十六字是正法法如何解此法
如何修汝聽吾說人心不思本源空寂離却邪見
即一大事因緣內外不迷即離兩邊外迷著相內迷
著空於相離相於空離空即是不迷悟此法一念
心開出現於世心開何物開仏知見仏猶如覺也分為四
門開覺知見示覺知見悟覺知見入覺知見開示
悟入上一處入即覺知見見自本性即得出世大師言
法達吾常願一切世人心地常自開仏知見莫開衆生
知見世人心愚迷造惡自開衆生知見世人心正起智惠
觀照自開佛智見莫開衆生智見開仏智見即出世大
師言法達此是法達經一乘法向下分三為名人故汝但
於一仏乘大師言法達心行轉法華不行法華轉心

正轉法華心邪法華轉開仏智見轉法華開衆生
智見被法華轉大師言努力依法修行即是轉經
法達一聞言下大悟涕淚悲泣自言和尚實未曾轉
法華七年被法華轉已後轉法華念念修行佛行
大師言即佛行是佛其時聽人无不悟者時有一僧
名智常來漕溪山礼拜和尚問四乘法義智常
問和尚曰仏說三乘又言最上乘弟子不解望為
教示惠能大師曰汝自身心見莫著外法相元无
四乘法人心不量四等法有四乘見聞讀誦是小乘悟
解義是中乘依法修行是大乘万法盡通万行
俱備一切无離但離法相作无所得是最上乘乘是
最上行義不在口諍汝須自修莫問吾也又有一僧名

神會，南陽人也。至漕溪山禮拜，問言：「和尚坐禪，見亦不見？」大師起，把打神會三下，却問神會：「吾打汝，痛不痛？」神會答言：「亦痛亦不痛。」六祖言曰：「吾亦見亦不見。」神會又問大師：「何以亦見亦不見？」大師言：「吾亦見者，常見自過患，故云亦見。亦不見者，不見天地人過罪，所以亦見亦不也。汝亦痛亦不痛如何？」神會答曰：「若不痛，即同無情木石；若痛，即同凡夫，即起於恨。」

大師言：「神會向前！見不見是兩邊，痛不痛是生滅。汝自性且不見，敢來弄人！」神會禮拜，禮拜更不言。大師言：「汝心迷不見，問善知識覓路。汝心悟自見，依法修行。汝自迷不見自心，却來問惠能見否。吾不自知，代汝迷不得。汝若自見，代得吾迷？何不自修，問吾見否？」

神會作禮，便為門人，不離漕溪山中，常在左右。

大師遂喚門人法海、志誠、法達、智常、志通、志徹、志道、法珍、法如、神會。大師言：「汝等十弟子近前，汝等不同餘人。吾滅度後，汝各為一方師。吾今教汝說法，不失本宗。舉三科法門，動用三十六對，出沒即離兩邊。說一切法，莫離於性相。若有人問法，出語盡雙，皆取對法，來去相因，究竟二法盡除，更無去處。三科法門者，蔭、界、入。蔭是五蔭，界是十八界，入是十二入。何名五蔭？色蔭、受蔭、想蔭、行蔭、識蔭是。何名十八界？六塵、六門、六識。何名十二入？外六塵、中六門。何名六塵？色、聲、香、味、觸、法是。何名六門？眼、耳、鼻、舌、身、意是。法性起六識：眼識、耳識、鼻識、舌識、身識、意識……

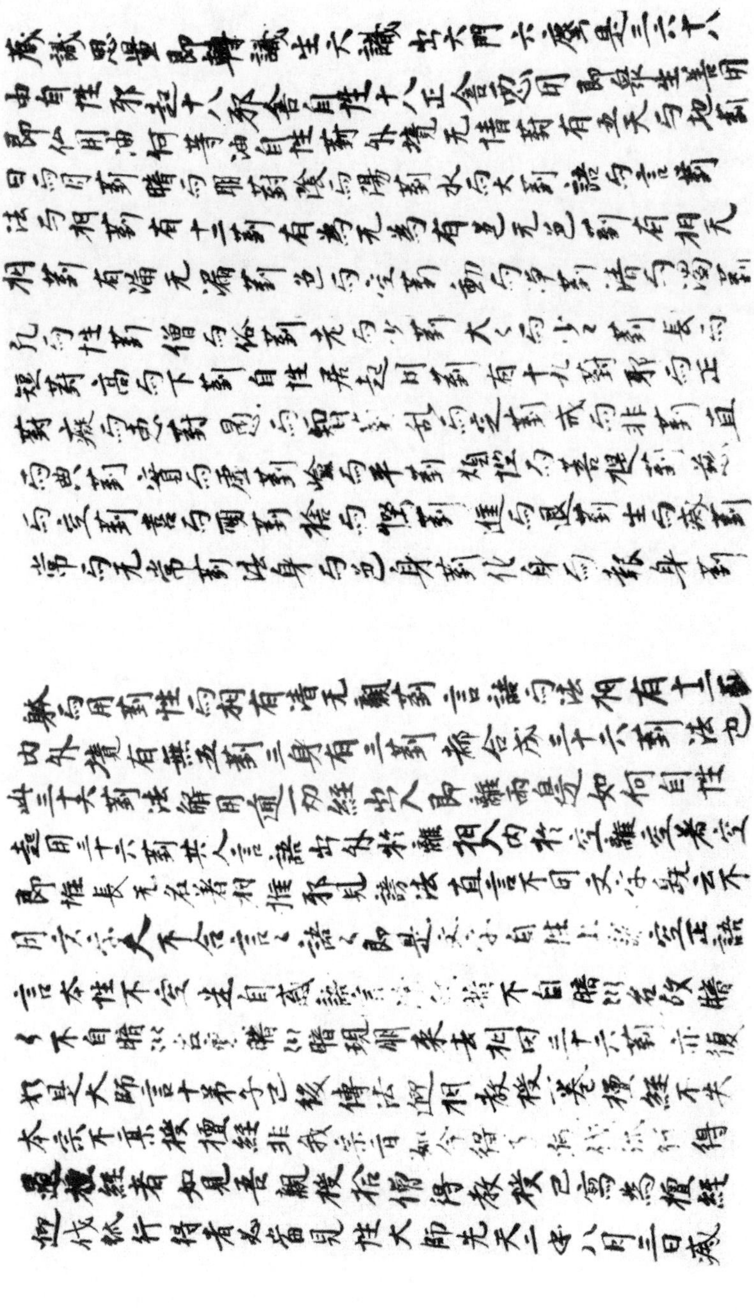

含藏識思量即轉識生六識出六門六塵是三六十八
由自性邪起十八邪含自性十八正含惡用即眾生善用
即佛用由何等由自性對外境無情對有五天與地對
日與月對暗與明對陰與陽對水與火對語與言對
法與相對有十二對有為無為有色無色對有相無
相對有漏無漏對色與空對動與靜對清與濁對
凡與聖對僧與俗對老與少對大大與少少對長與
短對高與下對自性居起用對有十九對邪與正
對癡與慧對愚與智對亂與定對戒與非對直
與曲對實與虛對嶮與平對煩惱與菩提對慈與
害對喜與瞋對捨與慳對進與退對生與滅對
常與無常對法身與色身對化身與報身對

體與用對性與相對有情無親對言語與法相有十二對
內外境有無五對三身有三對都合成三十六對法也
此三十六對法解用通一切經出入即離兩邊如何自性
起用三十六對共人言語出外於相離相入內於空離空著空
即惟長無明著相惟長邪見謗法直言不用文字既云不
用文字人不合言語言語即是文字自性上說空正語
言本性不空迷自惑語言除故暗不自暗以明故暗
暗不自暗以明變暗以暗現明來去相因三十六對亦復
如是大師言十弟子已後傳法遞相教授一卷壇經不失
本宗不稟受壇經非我宗旨如今得了遞代流行得
遇壇經者如見吾親授拾僧得教授已寫為壇經
遞代流行得者必當見性大師先天二年八月三日滅

度七月八日喚門人告別大師天元年於新州國
恩寺造塔至先天二年七月告別大師言汝衆近前
吾至八月欲離世間汝等有疑早問為外破疑當令
迷者盡使与安樂吾若去後无人教与法海等衆僧
聞已涕淚悲泣唯有神會不動亦不悲泣六祖言神
會小僧却得善等毀譽不動餘者不得數年山
中更修何道汝今悲泣更有阿誰憂吾不知去處在
若不知去處終不別汝汝等悲泣即不知吾處若知去
處即不悲泣性體无生无滅无去无來汝等盡坐吾
与如一偈真假動淨偈与等盡誦取見此偈意汝吾
同於此修行不失宗旨僧衆禮拜請大師留偈敬心受
持偈曰　一切无有真　不以見於真　若見於真者　是見盡非真

若能自有真　離假即心真　自心不離假　无真何處真
有性即解動　无性即不動　若修不動行　同无情不動
若見真不動　動上有不動　不動是不動　无情无佛衆
能善分別相　第一義不動　若悟作此見　則是真如用
報諸學道者　努力須用意　莫於大乘門　却執生死智
前頭人相應　即共論佛語　若實不相應　合掌令勸善
此教本无諍　无諍失道意　執迷諍法門　自性入生死
衆僧既聞識大師意更不敢諍依法修行一時禮拜即知大
師不永住世上座法海向前言大師大師去後衣法當
付何人大師言法即付了汝不須問吾滅後二十餘年
邪法遼亂惑我宗旨有人出來不惜身命第佛教
是非豎立宗旨即是吾正法衣不合轉汝不信吾与誦
先代五祖傳衣付法誦若據第一祖達摩頌意即不

合傳衣聽五与汝頌〻曰
第一祖達摩和尚頌曰
吾大來唐國 傳教救名清 一花開五葉 結菓自然成
第二祖惠可和尚頌曰
本來緣有地 從地種花生 當本願无地 花從何處生
第三祖僧璨和尚頌曰
花種雖因地 地上種化生 花種无性生 於地亦无生
第四祖道信和尚頌曰
花種有生性 因地種花生 先緣不和合 一切盡无生
第五祖弘忍和尚頌曰
有情來種下 无情花即生 无情又无種 心地亦无生
第六祖惠能和尚頌曰
心地含情種 法雨即花生 自吾花情種 菩提菓自成

能大師言汝等聽吾作二頌取達摩和尚頌意汝迷
人依此頌修行必當見性 第一頌曰
心地邪花放 五葉逐根隨 共造无明業 見被業風吹
第二頌曰
心地正花放 五葉逐根隨 共修般若惠 當來佛菩提
六祖說偈已了放衆生散門人出外思惟即知大師
不久住世六祖後至八月三日食後大師言汝等善
位座吾今共汝等別法海問言此頓教法傳受從上
已來至今幾代六祖言初傳受七佛釋迦牟尼佛第七
大葉迦葉第八阿難第九末田地第十商那和修第十一
優婆掬多第十二提多迦第十三佛陁難提第十四佛
陁蜜多第十五脇比丘第十六富那奢第十七馬鳴第

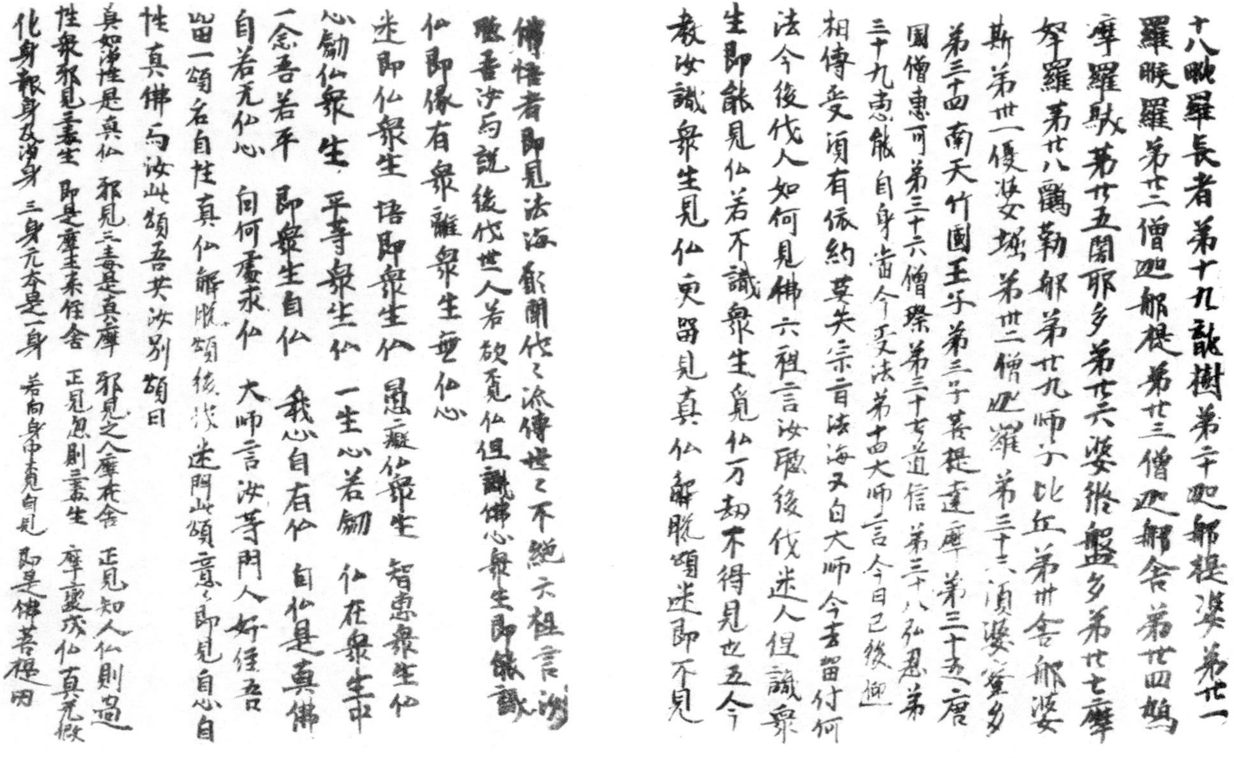
十八毗羅長者第十九龍樹第廿迦那提婆第廿一
羅睺羅第廿二僧迦那提第廿三僧迦那舍第廿四鳩
摩羅馱第廿五闍耶多第廿六婆修盤多第廿七摩
拏羅第廿八鶴勒那第廿九師子比丘第卅舍那婆
斯第卅一優婆堀第卅二僧迦羅第三十三須婆蜜多
第三十四南天竹國王子第三子菩提達摩第三十五唐
國僧惠可第三十六僧璨第三十七道信第三十八弘忍第
三十九惠能自身當今受法弟卌大師言今日已後遞
相傳受須有依約莫失宗旨法海又白大師今去留付何
法今後代人如何見佛六祖言汝聽後代迷人但識衆
生即能見佛若不識衆生覓佛万劫不得見也吾今
教汝識衆生見佛更留見真佛解脫頌迷即不見
佛悟者即見法海願聞代代流傳世世不絕六祖言汝
聽吾汝與說後代世人若欲覓佛但識佛心衆生即能識
佛即緣有衆生離衆生無佛心
迷即佛衆生　悟即衆生佛　愚癡佛衆生　智惠衆生佛
心嶮佛衆生　平等衆生佛　一生心若嶮　佛在衆生中
一念吾若平　即衆生自佛　我心自有佛　自佛是真佛
自若無佛心　向何處求佛　大師言汝等門人好住吾
留一頌名自性真佛解脫頌後代迷門此頌意意即見自心自
性真佛與汝此頌吾共汝別頌曰
真如淨性是真佛　邪見三毒是真魔　邪見之人魔在舍　正見知人佛則過
性衆邪見三毒生　即是魔王來住舍　正見忽則三毒生　魔變成佛真無假
化身報身及淨身　三身元本是一身　若向身中覓自見　即是佛菩提因

本從化身生淨性　淨性常在化身中　性使化身行正道　當來圓滿真無窮
婬性本身清淨因　除婬即無淨性身　性中但自離五欲
見性剎那即是真　今生若悟頓教門　悟即眼前見世尊
若欲修行求覓佛　不知何處欲求真　若能身中自有真
有真即是成佛因　自不求真外覓佛　去覓總是大癡人
頓教法者是西流　求度世人須自修
今報世間學道者　不於此見大悠悠
大師說偈已了，遂告門人曰：汝等好住，今共汝
別。吾去已後，莫作世情悲泣，而受人弔問錢帛，著孝
衣，即非聖法，非我弟子。如吾在日一種，一時端
坐，但無動無靜，無生無滅，無去無來，無是無非，
無住，但然寂淨，即是大道。吾去已後，但依法修
行，共吾在日一種。吾若在世，汝違教法，吾住
無益。大師云此語已，夜至三更，奄然遷化。大
師春秋七十有六。大師滅度諸日，寺內異香
氳氳，經數日不散。山崩地動，林木變白，日月
無光，風雲失色。八月三日滅度，至十一月迎和尚
神座於漕溪山，葬在龍龕之內。白光出現，
直上衝天，三日始散。韶州刺史韋璩立碑，至今
供養。此壇經，法海上座集。上座無常，付同

學道道際際無常付門人悟悟真真在嶺南漕
溪山法興寺見今傳受此法如付山法須德上
根知心信佛法立大悲持此經以為衣承於今
不絕和尚本是韶州曲江縣人也如來入涅槃
法教流東土共傳無住即我心無住此真菩
薩說真示行實喻唯教大智人是旨依凡
度誓修行修行遭難不退遇苦能忍福德
深厚方授此法如根性不堪林量不得須求此法
違立不德者不得妄付壇經告諸同道者令識
密意

南宗頓教最上大乘壇經法一卷

智理文化系列

新修敦煌本《壇經》禪心

作者
覺慧居士

美術統籌及設計
余志良

出版者
資本文化有限公司
地址：香港中環康樂廣場1號怡和大廈33樓3318室
電話：(852) 2850 7799
電郵：info@capital-culture.com
網址：www.capital-culture.com

出版日期
二〇二四年三月第一次印刷